Lost & Dark Places
Thüringen

Ein geheimer Stolleneingang führt unter das verlassene Haus (Kapitel 31).

Daniela Kühr

Lost & Dark Places
THÜRINGEN

33 vergessene, verlassene und unheimliche Orte

BRUCKMANN

↑ Als Lustschloss geplant, als Versteck genutzt: der Herzogstuhl (Kapitel 6)
↓ Absperrband statt Abendrobe im Kulturpalast Unterwellenborn (Kapitel 7)
↘ Auch *mit* Moos nichts los im früheren Kloster Georgenthal (Kapitel 3)

INHALT

33 LOST & DARK PLACES

↑ Stilbruch: historische Architektur und 1990er-Jahre-Ledersofa (Kapitel 12)
↗ Gesteinsbrocken erschweren den Weg zum Kinderheim (Kapitel 14).

THÜRINGENS (SCHAURIG) SCHÖNE ECKEN

»Nicht Döner, nicht Spaghetti, nein, Thüringer Klöße müssen's sein«, besingt ein gelockter Bubi den kulinarischen Exportschlager. Und wahrlich: Ohne das Original geht es in Thüringen nicht. Neben den goldgelben Kartoffelklößen ist wohl Bratwurst das Erste, das die meisten mit dem Freistaat in Verbindung bringen. Dabei hat das Bundesland in der Mitte Deutschlands viel mehr zu bieten. Hier treffen sagenumwobene Wälder auf einflussreiche Städte, uralte Überlieferungen auf deutsche Hochkultur, heruntergekommene Industriebrachen auf prächtige Schlösser.

KREATIVE UND KÖNIGE In Gotha befindet sich die Wiege des europäischen Adels: Auf Schloss Friedenstein und im Herzogtum Sachsen-Coburg und Gotha liegen die Wurzeln der britischen, spanischen und belgischen Königshäuser. Wartburg und Weimar, Hainich und Harz: Viele Thüringer Ecken haben sich aufgrund ihrer Schönheit und Geschichte als Welterbe qualifiziert. Sie werden aufwendig gehegt und gepflegt – und touristisch vermarktet. Auf der Wartburg in Eisenach hielt sich einst Martin Luther versteckt, während er das Neue Testament ins Deutsche übersetzte und damit die christliche Kirche für immer veränderte. Johann Sebastian Bach, deutscher Komponist, kam im Schatten derselben Burg zur Welt und verbrachte sein Leben zu großen Teilen im Freistaat – unter anderem in Weimar. Die Stadt entwickelte sich zum Zentrum für Kunst und Kultur und zum Zuhause von Schiller und Goethe, denen auf dem Theaterplatz ein

Eine Ode an Thüringer Klöße, verewigt an der Wand des Speisesaals (Kapitel 12)

ewiges Denkmal geschaffen wurde. Die in der Architektur gefeierte Bauhaus-Lehre und unsere erste parlamentarische Demokratie haben hier ihre Geburtsstätte.

»LOST & DARK« Doch nicht überall bietet sich ein derart rosiges Bild. So prägen verwahrloste Villen ebenso wie gruselige Gasthäuser und heruntergekommene Hallen so manches Stadtbild. Auch in Thüringens Wäldern liegen einstige Sanatorien aus dem 19. und 20. Jahrhundert im Koma. Jagdanlagen blieben auf der Strecke. Mancher Bunker bietet längst keinen Schutz mehr. Sie sind im Laufe der Zeit in Vergessenheit geraten und bieten heute nur noch Wanderern gespenstische Highlights entlang ihrer Touren. Inmitten des dichten Baumbestandes verstecken sich zudem uralte Mythen, mörderische Sagen und unheimliche Bräuche, die ihresgleichen suchen. Dazwischen – so munkelt man zumindest – sollen noch so manche Schätze verborgen liegen, die immer wieder Suchende auf den Plan rufen.

AUF SPURENSUCHE Nach langjähriger Vernachlässigung sind viele der vorgestellten »Lost & Dark Places« bereits teilweise eingestürzt oder stark einsturzgefährdet. Andere befinden sich auf Privatgrundstücken und sind entsprechend nur mit Genehmigung zugänglich. Wieder andere sind gar nicht so »lost«, wie sie im ersten Moment scheinen – Menschen engagieren sich leidenschaftlich für ihren Erhalt, neue Investoren wollen wieder Schwung in die Buden bringen. Auch der Freistaat selbst wird mancherorts aktiv und enteignet auf nie dagewesene Weise die untätigen Eigentümer. Während einige der beeindruckenden Orte dem endgültigen Aus auf diese Weise hoffentlich entgehen, können längst nicht alle erhalten werden. Über kurz oder lang wandeln sie ihr Gesicht oder verschwinden gänzlich. Grund genug, sich schon bald auf den Weg zu machen und in die mystischen Geschichten Thüringens einzutauchen.

Hinweis: Alle Berichte beschreiben den Zustand der Objekte 2021/22 (aktualisiert 2025).

Der Weg entlang der Gebäude des Kinderheims ist längst verwildert (Kapitel 14).

VERHALTENSREGELN FÜR LOST PLACES

1. Behandeln Sie die Orte mit Respekt

Jedes Bauwerk und jedes Gebäude erzählen eine Geschichte aus vergangenen Tagen. Dies gilt es zu schützen. Und auch wenn es teilweise nicht so aussieht, aber jeder dieser Lost Places hat einen Eigentümer. Das sollte respektiert werden. Das beinhaltet vor allen Dingen, dass nichts zerstört oder gewaltsam geöffnet wird. Sind Fenster oder Türen verschlossen, sollte das auch so bleiben. Gehen Sie respektvoll mit dem Ort um.

2. Nehmen Sie nichts mit, lassen Sie nichts da

Wenn Sie etwas von einem Lost Place mitnehmen, und sei es noch so klein, ist es Diebstahl. Wie bereits in Punkt 1 gesagt, alle diese Orte haben einen Eigentümer. Daher gilt die Regel: Alles bleibt, wie es ist. Belassen Sie es bei den schönen Einblicken und Fotos, die Sie an dem Ort machen. Gleiches gilt auch umgekehrt: Lassen Sie nichts liegen. Keine Essensreste, keine Kaugummis, keine Kippenstummel.

3. Rauchen verboten

Das bringt uns zum nächsten Punkt: Rauchen verboten. Zollen Sie dem ehrwürdigen Ort Respekt und verzichten Sie für die Zeit, die Sie da sind, aufs Rauchen. Kippenstummel brauchen nicht nur 15 Jahre zum Verrotten (sie sollten übrigens nirgends achtlos weggeworfen werden), sondern können schnell ein Feuer verursachen.

4. Keine Graffiti

Dass Sie nichts hinterlassen sollen, gilt auch für Kunstwerke an den Wänden. Man sprüht einfach nicht auf fremdes Eigentum, sei es noch so schön. Lassen Sie die Wände wie sie sind, sodass auch noch Menschen nach Ihnen den Ort so erleben können, wie er früher einmal war.

5. Seien Sie vorsichtig

Vorsicht ist besser als Nachsicht. Das gilt vor allem bei Lost Places. Marodes Holz, verrostete Geländer, einsturzgefährdete Decken, lockere Böden (teilweise befinden sich noch Kellergeschosse darunter), eingeschlagene Fenster – die Liste der Gefahren solcher Orte ist lang. Seien Sie daher immer wachsam. Begeben Sie sich niemals in Gefahr für das eine Foto. Das ist es nicht wert. Treppen und obere Etagen sind eine gängige Gefahrenquelle. Schauen Sie sich den Zustand der Treppe und der Decke genau an. Nehmen Sie auch eine Taschenlampe für dunkle Räume und Keller mit.

6. Gehen Sie nicht allein

Es ist ratsam, immer mindestens zu zweit, besser noch zu dritt, einen Lost Place zu be-

Schlafstall der germanischen Siedlung im Morgengrauen (Kapitel 29)

Auf dieser Freitreppe posierte schon der Künstler Marc Chagall (Kapitel 12).

suchen. Da gilt die alte Regel: Ist eine Person verletzt, bleibt die zweite vor Ort und die dritte holt Hilfe. Zudem weiß man nie, wen man vor Ort trifft. Plünderer, Spinner und betrunkene Jugendliche sind auch oft in Lost Places anzutreffen. Da ist es beruhigender, nicht allein unterwegs zu sein.

7. Erregen Sie kein Aufsehen

Da die Lost Places in Privatbesitz sind, gilt auch hier »Betreten verboten«. Auch, wenn das Tor angelweit aufsteht oder ein riesiges Loch im Zaun ist. Ebenso ist es ratsam, sein Auto nicht direkt vor dem Gelände zu parken. Schauen Sie beim Betreten des Geländes auch immer, dass Sie niemand sieht. So vermeiden Sie unerwünschte Begegnungen und mögliche Konfrontationen mit der Polizei.

Ausrüstung

Wir empfehlen Folgendes:

- Festes Schuhwerk, hohe Socken (Schutz vor Zecken)
- Reißfeste Kleidung, ggf. leichte Regenjacke
- Kamera inkl. Zusatzakku, Speicherkarten, Stativ
- Proviant und Getränke (nehmen Sie aber alles wieder mit)
- Kopf- oder Stirnlampe für freie Hände
- Taschenlampe mit weitem Winkel für Keller und dunkle Räume
- Taschenmesser
- Aufgeladenes Handy (ggf. Powerbank)
- Notizblock und Stift
- Pflaster und Taschentücher für Verletzungen
- Mücken- und Zeckenspray

Im frühen 20. Jahrhundert entstand die »Hustenburg« (Kapitel 28).

Ein Thüringer Märchenschloss
im Dornröschenschlaf (Kapitel 24)

1

DER SCHLAFENDE KAISER

Barbarossa und der Kyffhäuser

Mit seiner Höhe von nur 474 Metern und 70 Quadratkilometern Fläche ist der Kyffhäuser zwar Deutschlands kleinstes Mittelgebirge, dafür sollen sich in seinen Höhlen umso größere Rätsel verbergen – wie ein schlafender Kaiser mit markantem rotem Bart.

Kyffhäuserland, Kyffhäuserkreis **Ort** Barbarossahöhle, Mühlen 6, 99707 Kyffhäuserland **GPS** 51.37561, 11.036484 **Anfahrt** Mit der Bahn nach Sondershausen (RB, Strecke Erfurt–Nordhausen), weiter mit dem Bus bis Barbarossahöhle oder mit dem Auto z. B. über die A38 bis Ausfahrt Berga, dann weiter auf B85 und der Beschilderung folgen

Ort Kyffhäuser-Denkmal, Kyffhäuser 1, 99707 Kyffhäuserland **GPS** 51.416751, 11.078781 **Anfahrt** Mit dem Auto z. B. über die A38 bis Ausfahrt Berga, dann weiter auf B85 und der Beschilderung folgen

Am Fuß des Kaiser-Wilhelm-Denkmals wartet Barbarossa auf die Wiederauferstehung.

Die Barbarossahöhle ist Europas größte Schauhöhle im Anhydritgestein.

GLÜCKAUF An der Höhle angekommen, gibt es erstmal kein Zeichen einer königlichen Hoheit. Dabei soll er nun schon seit über 800 Jahren in diesem Berg auf seinen erneuten Einsatz warten. Andere behaupten, er sei längst von seinem Fluch erlöst worden. Die Rede ist vom früheren Stauferkaiser Friedrich I., der in seinem unterirdischen Reich darauf warten soll, das Deutsche Reich wieder zu wahrer Größe zu führen. Trübes Nieselwetter und matschige Wege lassen Freude aufkommen, dass es für die Spurensuche unter Tage geht – 160 Meter hinein in den Berg. Ein schmaler, leicht abschüssiger Gang führt in die Tiefe. Es wird immer dunkler. Sommer wie Winter herrschen gleichbleibende 9 Grad Celsius. Am Ende des gemauerten Ganges öffnet sich eine beeindruckende, luftige Höhle. Von ihrer Decke hängen in unregelmäßigen Formen auffällige Gesteinslappen. Sie bestehen aus Anhydrit, einem Mineral, das sich bei Wassereinwirkung ausdehnt und irgendwann reißt. Was aussieht wie Lederfetzen, ist tatsächlich hart wie Stein. Die Decken sind voll davon und an mancher Stelle zieht man automatisch den Kopf ein. Sie verleihen diesem unterirdischen Labyrinth einen mystischen Charakter. Immer wieder tauchen die fetzenbehan-

Lichtbrechung und Spiegelungen lassen die Seen flach wirken – statt 3,5 Meter tief.

↑ Barbarossas Thron im »Tanzsaal« der Höhle ist zwar erleuchtet, aber verlassen.
↗ Der 176 Meter tiefe Brunnen versorgte im Mittelalter die Bewohner der Burg.

genen Felswände in kleine Pools spiegelglatten Wassers ein. Eine verwunschene unterirdische Welt – wie geschaffen für die große Sage im Thüringer Raum.

VERLASSENER THRON Für seine Feinde galt Kaiser Friedrich I. als unbarmherziger Krieger, seinem Volk hingegen blieb er als Friedensstifter in Erinnerung. Schließlich nutzte er sein diplomatisches Geschick, um die verfeindeten Fürsten in seinem Reich zu versöhnen – zumindest vorübergehend. So erzählt man sich in Thüringen seit jeher, der große Kaiser ruhe verzaubert in einem unterirdischen Schloss. Er schlafe an einem Tisch aus Marmor, der im Lauf der Jahrhunderte vom roten Rauschebart des Staufen-Herrschers durchzogen worden sei. Alle 100 Jahre wache er auf. Doch erst, wenn statt vieler Raben nur noch ein Adler um den Berg kreise, sei Barbarossas Zeit gekommen. Erst dann werde er auferstehen und seinem Reich Frieden und Eintracht bringen – für immer. So schliefe er dort seit vielen Hundert Jahren. Und tatsächlich, tiefer in die Höhle vorgedrungen, erscheinen ein steinerner Thron und Tisch, mit einer Krone darauf. Hat Barbarossa die Höhle nur kurz verlassen? Natürlich nicht. Mit diesem Monument versuchten die Entdecker der Höhle schlicht der Erzählung gerecht zu werden. Denn schon kurz nach seiner Entdeckung wurde aus dem hier geplanten Stollen zum Abbau von Kupferschiefer ab 1866 eine Schauhöhle. Schnell erhielt sie den Namen Barbarossahöhle. Die Sage berief sich ohnehin auf das Kyffhäusergebirge, sodass man diesen strategischen Marketing-Ansatz wählte.

WIEDER ERWACHT Wenige Kilometer entfernt, einige 100 Meter höher gelegen, findet sich auch der Grund, weshalb Barbarossa nach seinem Tod 1190 hierher zurückgekehrt sein soll: die Burg Kyffhausen. Als sie 1118 erstmals zerstört wurde, ließ er sie wieder aufbauen. Sie bot einen idealen Ausgangspunkt, um die unzähligen Herzogtümer im zerklüfteten Deutschen Reich unter Kontrolle zu behalten. Ihre schweren Mauern sind noch vorhanden, genauso wie Teile der Kapelle. Besonders beeindruckend ist jedoch der Burgbrunnen, der 176 Meter tief in den Felsen hinunterreicht – und damit zu den tiefsten in ganz Europa gehört. Die Ruinen der Ober-, Mittel- und Unterburg liegen etwas unterhalb des Kaiser-Wilhelm-Nationaldenkmals von 1896, auch Kyffhäuser-Denkmal genannt. Und auch hier findet sich eine weitere Hommage an den Mythos des auferstehenden Rotbarts, im Sockel des Monuments: sein Abbild, 6,5 Meter groß in roten Sandstein geschlagen. Die Krone sitzt kraftvoll auf seinem Kopf. Lichter in seinem Rücken lassen ihn erstrahlen. Er thront über einer Schlucht aus zerklüfteten Felsbrocken, greift sich in den Bart, und seine Füße sind wie in Bewegung aufgestellt. So als habe man ihn im Moment des Aufwachens erwischt. In dichten Nebel getaucht, steht sein angeblicher Befreier genau über ihm. Im Turmmonument ist Kaiser Wilhelm I. auf einem Reiterstandbild dargestellt, der große Krieger mit Pickelhaube. Heute kämpft er in erster Linie gegen starke Windböen, die an den Türen und Fenstern des Turmes reißen. Glorifiziert wurde er als der Kaiser, der das Deutsche Reich zu erneuter Größe geführt, damit die Barbarossa-Sage erfüllt und ihn aus seinem Bann befreit habe.

Das besondere Erlebnis

Der Turm des Denkmals ist bei (fast) jedem Wetter zugänglich und bietet – einmal oben angekommen – einen atemberaubenden Ausblick über Barbarossas einstiges Königreich, die Gebiete von Thüringen und Sachsen-Anhalt. Entdecken Sie das Reiterstandbild Wilhelm I. mal aus einer völlig anderen Perspektive, z. B. unter dem Bauch des Rosses oder von oben (Info: www.kyffhaeuser-denkmal.de).

↓ Im Inneren des Denkmalsturms schraubt sich die Treppe bis auf 81 Meter in die Höhe.

↘ Das Reiterstandbild des Kaiser-Wilhelm-Denkmals versinkt im Nebel.

Statt Roter Armee bieten nur noch rote Mauern Rückendeckung.

2

GRAUER GENOSSE

Der einsame Lenin und Fliegerhorst Nohra

Verborgen im Wald steht der letzte Zeitzeuge einer einstigen Garnison der Roten Armee. Im Kalten Krieg beheimatete das Weimarer Land eine Vielzahl sowjetischer Truppen, ihrer Hubschrauber und Flugzeuge. Beim Abzug 1992 nahmen sie fast alles wieder mit – außer ihre Statue.

Nohra, Landkreis Weimarer Land **Ort** Pappelallee, 99428 Nohra **GPS** 50.960563, 11.248812 **Anfahrt** Mit der Bahn nach Weimar (RE-Strecke Göttingen–Glauchau (Sachs.)), weiter nach Obergrunstedt (RB-Strecke Richtung Kranichfeld) oder mit dem Auto über die A4, Ausfahrt Nohra, B85 Richtung Weimar-West/Nohra folgen

LENINKULT Marxistischer Theoretiker, Revolutionär und Staatsoberhaupt der 1922 neu gegründeten Sowjetunion: Wladimir Iljitsch Lenin war nicht nur treibende Kraft der russischen Oktoberrevolution, sondern löste auch weit über seinen Tod hinaus einen regelrechten Kult in den früheren Ostblockstaaten aus. Dieser manifestierte sich nicht zuletzt in der Errichtung unzähliger Denkmäler – auch in den DDR-Gebieten. Auf ostdeutschem Boden fanden sich in praktisch jeder größeren Stadt Gedenktafeln, Statuen oder Büsten zu Lenins Ehren. Die bekanntesten von ihnen befinden sich in Eisleben, Berlin, Dresden und Merseburg, obwohl die meisten in der Zeit nach dem Mauerfall demontiert wurden.

EINER BLEIBT STANDHAFT Im Norden Weimars jedoch findet es sich bis heute, das Antlitz des sowjetischen Revolutionärs. Ziemlich genau 30 Jahre nach Abrücken der letzten Truppen. Er wurde Zeuge ihres Verschwindens. Sah den Abriss der vielen Kasernengebäude, die teils noch aus den 1930er-Jahren stammten. Beobachtete die Renaturierung von etwa 13 Hektar Landebahnen und Hubschrauberstellflächen. Allein.

DER RECHTE WEG LIEGT LINKS Auf der Suche nach Lenins kleiner Insel der Einsamkeit mitten im Wald taucht linkerhand plötzlich ein Torkomplex auf, der verdächtig militärisch anmutet. Ein gutes Zeichen. Wenige Momente später offenbart sich ein Pfad, der in den Wald führt. Eine Schranke soll Autofahrer am Eindringen ins Waldgebiet hindern. Ab hier geht es also nur noch zu Fuß weiter. Die Strecke wirkt etwas befremdlich, führt sie doch über einen alten Militärweg hinein in den Forst. Von hier aus halten sich Suchende am besten immer links – als wäre es ein verstecktes politisches Statement oder ein kleiner Scherz unter Genossen. Plötzlich weht

Vor Verfall gerettet und erneuert: das Eingangstor der früheren Garnison

ein anderer Wind durchs Gehölz. Eisig und unerbittlich. Dennoch sind es nicht die Minusgrade, die eine Gänsehaut auslösen. Denn da taucht es plötzlich auf: das Antlitz Lenins.

DES KOMMUNISTEN NEUE KLEIDER Eine kleine Lichtung schaffte man ihm. Eine Art Festplatz. Sein Blick fest auf die brüchige Straße gerichtet, die geradewegs auf ihn zuläuft. Er strahlt Macht und Erhabenheit aus – und wirkt zugleich ein bisschen wie bestellt und nicht abgeholt. Diese skurrile Szene wird durch weitere visuelle Eindrücke verstärkt. Denn zwischen 2008 und 2010 verpasste die Landesentwicklungsgesellschaft Thüringen dem Denkmal ein kleines »Makeover«: Beseitigung aller Schmierereien, ein neuer Backsteinsockel und frische Farbe für die Wände, die ihm den Rücken stärken. Insgesamt ergibt sich so ein fast surreal wirkendes Gesamtwerk, bei dem die einzelnen Bausteine nicht so recht zueinander passen wollen.

EIN STEINERNER WÄCHTER So viel Glück hatten jedoch nur ganz wenige Objekte des strategisch einst so wichtigen Kasernengeländes. Der Großteil der Gebäude wurde schon kurz nach dem Abzug der sowjetischen Truppen abgerissen – zum Beispiel die meisten Wohn- und Wirtschaftsgebäude auf dem Gelände. Einige blieben aufgrund ihres historischen Wertes verschont und standen fortan unter Denkmalschutz. Darunter das Haupttor, das inzwischen umfangreiche Sanierungsmaßnahmen erhält, sowie das Offi-

↓ Viele Statuen zeigten Lenin in ähnlichen Posen, oft mit der Hand am Revers.
↘ Fritz Cremers Werk zeigt kommunistische Widerstandskämpfer des KZs.

Blick auf den Ettersberg und den »Turm der Freiheit« im Mahnmal Buchenwald

zierscasino. Letzteres war früher ein eingeschossiges Kulturhaus mit repräsentativer Außen- und Innengestaltung. Es sollte als Denkmal und Zeugnis der sowjetischen Streitkräfte in Deutschland erhalten bleiben. Dennoch wurden Teile in den frühen 2010er-Jahren abgerissen, der Rest fiel im Sommer 2020 Brandstiftung zum Opfer. So zeugt heute einzig das Lenin-Denkmal von der Bedeutung, die dieser Standort einst innehatte.

Das besondere Erlebnis

Wer seinen Blick den Weg hinunter schweifen lässt, erkennt in der Ferne den Ettersberg und den sogenannten »Turm der Freiheit«, den Glockenturm der »Nationalen Mahn- und Gedenkstätte Buchenwald« am Südhang des Ettersbergs. Der Weg über die Anlage soll den Besucher vom Tod ins Leben führen. Vom Krematorium führt der Weg durch das Lager hinunter zu den Gräbern, die von Ringmauern umfasst sind. An seinem Ende steht der 54 Meter hohe Turm weithin sichtbar als Symbol für Freiheit und Licht. Zu seinen Füßen feiert eine Plastik die kommunistischen KZ-Häftlinge für ihren Widerstandskampf gegen die Lagerführung. Erst der dritte Entwurf dieser eindrucksvollen Skulpturengruppe des Künstlers Fritz Cremer konnte die SED-Führung überzeugen. Schließlich sollten die Figuren selbstbewusst, beherzt und weniger gebrochen erscheinen als ihre realen Vorbilder. So streckt einer die Faust wie zum Schwur in die Höhe, ein anderer die Fahne. Bis zu diesem Ergebnis entwarf Cremer sage und schreibe 42 Figuren für die elfköpfige Bronzegruppe. In den Augen der DDR-Regierung stellte die Skulptur eine Legitimation und Veranschaulichung des Sieges der kommunistischen Widerstandskämpfer über den Faschismus dar – und damit nicht zuletzt die vermeintliche politische und moralische Überlegenheit des Sozialismus über den Westen.

3

MIT DEM TEUFEL IM BUNDE

Hexenverfolgung in Georgenthal

Sie tanzen auf dem Brocken oder den Hörselbergen. Fliegen durch die Luft. Sind die Geliebten des Teufels – und dafür gehören sie bestraft. Das glaubte man zumindest bis ins 16. und 17. Jahrhundert. Ein steinerner Zeuge der Thüringer Hexenverfolgung steht bis heute in Georgenthal.

Georgenthal, Landkreis Gotha **Ort** Schlossplatz, 99887 Georgenthal/Thüringer Wald **GPS** 50.828835, 10.658851 **Anfahrt** Mit der Bahn nach Gotha (RE-Strecke Göttingen–Glauchau (Sachs.), anschließend weiter mit dem Bus nach Georgenthal oder mit dem Auto über die A4, Ausfahrt Gotha-Boxberg, dann der Beschilderung der L1026 nach Georgenthal folgen

Der »Hexenturm« in Georgenthal beherbergte Amtsstube, Gefängnis und Folterkammer.

Die vielen Hexenprozesse verliehen dem Gefängnisturm seinen Beinamen.

HINTER MAUERN VERBORGEN Tau glitzert noch auf dem Gras im Georgenthaler Kurpark. Buntes Laub raschelt leise im Wind. Ab und zu fährt ein Auto über das Kopfsteinpflaster der Straße. Ansonsten ist es sehr still an diesem kühlen Morgen. Auch vor der Sankt-Elisabeth-Kirche gegenüber vom Kurpark. Vor ihr steht ein kleines, unscheinbares Häuschen aus schweren Steinmauern. Nichts erinnert an die unzähligen inhaftierten Frauen, die der Hexerei beschuldigt wurden. Nichts, außer einem in den Stein geritzten Pentagramm. Nur wenige Zentimeter groß, kaum auffindbar – und dennoch hier. Genau wie der Bau selbst, der sich wie selbstverständlich in die Umgebung einbettet. Autos parken davor, eine Mülltonne wartet darauf, entleert zu werden. Alles geschieht unter dem wachsamen Auge der Kirche. Deren Glocke läutet lautstark und jagt mir einnn gehörigen Schreck ein. Meine Gedanken kreisen um die vielen Menschen, größtenteils Frauen, die hinter diesen Steinmauern unbeschreiblichen Qualen ausgesetzt waren. Deren Schreie man auch noch durch die 1,5 Meter dicken Wände gehört haben muss.

HEXENJAGD Ursprünglich war der »Hexenturm« als reines Gefängnis erbaut worden. Zu dieser Zeit war er etwa 12 Meter hoch und umfasste drei Stockwerke. Unten befand sich ein Fallloch, das durch eine eiserne Klappe verschlossen war. In der mittleren Ebene gab es zwei Zellen und im oberen Stockwerk zwei Amtsstuben, die für die Verhöre genutzt wurden. Erst durch die Einkerkerung und Folterung der »Hexen« im 17. Jahrhundert erhielt der Turm seinen düsteren Beinamen. Kein Wunder, schließlich wurden zwischen 1646 und 1711 ganze 71 Hexenprozesse in Georgenthal abgehalten. Für eine kleine Gemeinde wie diese eine erschreckend hohe Zahl, mit der sie sich neben Städten wie Meiningen, Mühlhausen und Nordhausen als Zentrum der thüringischen Hexenjagd qualifiziert. Schuld daran? In großem Maß der damalige Amtsvorsteher Johann Benedikt Leo, der als eifrigster und gefürchtetster Hexenjäger in die regionale Geschichte einging. Allein 40 der hiesigen Prozesse entfallen auf seine Amtszeit (1663–1681). Den rechtlichen Rahmen für das konsequente Vorgehen hatte der Herzog von Sachsen-Gotha, Ernst der Fromme, selbst geschaffen. Die Landesverordnung von 1653 sah vor: »Wer mit dem Teufel im Bunde (Teufelsbund) steht oder mit ihm Geschlechtsverkehr hat (Teufelsbuhlschaft), soll, selbst wenn er niemandem Schaden zugefügt hat, mit dem Feuertod bestraft werden.« Und genau das ist das Schicksal, das die meisten der Hexerei Angeklagten auch ereilte.

Freisprüche gab es kaum. Meist lautete das Urteil: Tod durch Verbrennung.

KURZER PROZESS Sogenannte »Besagungen«, also eine Bezichtigung, reichte in der Regel schon aus, um ein Verfahren einzuleiten. Indizien wurden gesammelt, Zeugen befragt. Natürlich gab es keine stichhaltigen Beweise dafür, dass es sich bei Beschuldigten um Hexen handelte. Aber alles Unerklärliche und Tragische wurde ihnen zugeschrieben – ob Missernten, Krankheiten, Unwetter oder plötzlich eintretender Tod. Daher rührt zum Beispiel auch der Begriff Hexenschuss, der blitzartige Schmerz, der vom Rücken ins Bein schießt. Genaue Kriterien, nach denen eine Hexe zu erkennen sei, hatte Heinrich Kramer in seinem »Hexenhammer« festgelegt: Ausführen von Schadenszaubern, Teufelsbund oder -buhlschaft, Teilnahme am Hexensabbat. Hatten diesbezüglich genügend Bürger Zeugnis abgelegt, wandte sich der Amtsvorsteher an den Schöffenstuhl, um eine Verhaftung einzuleiten.

Die Kirche, wie viele glauben, hatte jedoch nur in den seltensten Fällen etwas mit der Verfolgung der Hexen zu tun. Stattdessen waren es weltliche Gerichte, die die Inhaftierung anordneten. Auch die Urteile segneten die Juristen ab. Wollten die Angeklagten nicht gestehen, wurden im wahrsten Sinne die Daumenschrauben angelegt – und dabei handelte es sich nur um die erste Intensitätsstufe des »peinlichen Verhörs«. Schließlich folgten noch Beinschrauben und Streckbänke. Unter diesen Bedingungen wurde die Befragung so lange wiederholt, bis die Besagten endlich gestanden. Die Strafe: Tod auf dem Scheiterhaufen. Im Amt Georgenthal fanden sich Scheiterhaufen und Galgenhügel auf dem Hirzberg Richtung Herrenhof. Noch heute heißen die Flurstücke hier »Am Gericht« und »Hinter dem Gericht« – nur wissen heute nicht mal die Bauern, die diese Flurstücke bestellen, von deren historischer Bedeutung.

»Am Gericht« markiert ein Gedächtnisbaum den einstigen Ort des Scheiterhaufens.

Reste der Fensterbogen und Säulen des Klosters aus dem 12. Jahrhundert

IN FLAMMEN Aus heutiger Sicht kaum vorstellbar, doch für die Bevölkerung handelte es sich bei diesem Thema keineswegs um Aberglauben. Sie war überzeugt von der Existenz des Teufels und schwarzer Magie. Gebeutelt von Kriegen, Existenzängsten und Krankheiten, suchten sie die Schuld lieber im Übernatürlichen. Die zunehmende Verrohung der Gesellschaft zeigte sich schon, als das an den Hexenturm angrenzende Kloster 1525 Bauernaufständen zum Opfer fiel. Die Mönche mussten fliehen, das Kloster wurde geplündert und das Mauerwerk stellte willkommenes Baumaterial für die Aufständischen dar. Dabei war es der Bau dieses Zisterzienserklosters, der Georgenthal erst auf den Plan brachte. Die Ruinen der spätgotischen Klosteranlage bilden bis heute den Mittelpunkt des Ortes. Über ein Jahrhundert und den Dreißigjährigen Krieg später war die Menschlichkeit scheinbar endgültig erloschen – eine Hexenverbrennung auf dem Scheiterhaufen nahm regelrechten Volksfestcharakter an. Mitleid gab es für die Frauen, die häufig bei lebendigem Leibe verbrannt wurden, keines. Selbst Martin Luther war überzeugter Hexenjäger gewesen. In einer seiner Predigten sagte er: »Ich will der Erste sein, der Feuer an sie legt.«

HINTER SCHLOSS UND RIEGEL Rückblickend wissen wir: Irgendwann fand ein Umdenken statt – denn auch der gefürchtetste Hexenjäger war vor Anschuldigungen nicht gefeit. Als 1681 seine eigene Frau der Hexerei verdächtigt wurde, stellte sich Benedikt Leo schützend vor sie und schwor dem Hexenglauben ab. Über die nächsten Jahrhunderte taten es ihm glücklicherweise die meisten gleich. Längst nicht mehr von Nutzen, wurde der Hexenturm 1840 einem Umbau unterzogen, der ihm sein heutiges Aussehen verlieh. Die zwei oberen Stockwerke wurden abgetragen, die Außentreppe entfernt. Wer genau hinsieht, kann erkennen, wo der Dachstuhl auf die Mauern des Untergeschosses gesetzt wurde. Das Holztor mit schwerem Eisenriegel bleibt. Dennoch erinnert heute kaum etwas an die düstere Geschichte des kleinen Baus – außer einem kürzlich aufgestellten Hinweisschild und dem in Stein geritzten Pentagramm.

Das Pentagramm galt schon im Mittelalter als Bannzeichen gegen das Böse.

Das besondere Erlebnis

Sabine Marx, Ortschronistin des Nachbarorts Catterfeld, hat die Geschichte der Hexenverfolgung des Amtes Georgenthal niedergeschrieben. Wer beschuldigte die Frauen? Wie liefen die Verhöre ab? Welche Überlebenschancen hatten sie? Detailliert erzählt sie die Geschichte der hiesigen Hexenprozesse und klärt anhand umfangreicher Protokolle über die Leidenswege der Opfer auf. Erhältlich ist das Heft in der Bibliothek & Touristinfo in Georgenthal. Sabine Marx, »Hexenverfolgung und Catterfelder Hexen«, Altenbergen/Catterfeld: Verein für Heimatgeschichte und Archäologie St. Johannes Altenbergen/Catterfeld e. V., 2019.

Fahrt frei: markanter Torbogen und Einfahrt zum Simson-Gewerbepark

4

AUSGEBREMST

Suhler Simson-Werke

Spatz, Sperber und Schwalbe hießen sie, die Exportschlager aus Suhl. Dabei handelt es sich nicht um Vögel, sondern um jene Kleinkrafträder, die heute weit über Thüringer Grenzen hinaus Kultstatus erreicht haben. Dahinter steht Simson: eine Familie, eine Marke, eine Tragödie.

Suhl, Thüringen **Ort** Simsonstraße, 98529 Suhl **GPS** 50.603187, 10.638687
Anfahrt Mit der Bahn nach Suhl-Heinrichs (RB-Strecke Neudietendorf–Ritschenhausen) und von dort aus weiter zu Fuß oder mit dem Auto z. B. über die A71, bis zur Ausfahrt B62 Richtung Suhl/Zella-Mehlis/Schmalkalden/Steinbach/Hallenberg, anschließend der Suhler Str./B62 folgen

STILLSTAND Ein schier endloses Gelände aus Fabrikhallen und Lagerhäusern. Backstein und Sprossenfenster, die das zwischen den Wolken hervorbrechende Sonnenlicht reflektieren. Die 2006 fertiggestellte Haseltalbrücke, die das gesamte Areal in etwa 82 Metern Höhe überspannt. Einige Sanierungsarbeiten fanden auf dem Gewerbepark Simson statt. Manch kleinere Firmen zogen ein. In den großen Hallen herrschte früher Lärm und unermüdlicher Schichtbetrieb. Die Alte Schmiede wurde aufgrund von Schwermetall-Kontaminierungen im Boden und Grundwasser inzwischen abgerissen. Die Schienen, auf denen früher Simson-Mopeds ihren Siegeszug um die Welt antraten, sind von der Straße verschwunden. Alles ist ruhig an diesem Samstagmittag. Es fühlt sich etwas an wie die Ruhe vor dem Sturm. Doch der bleibt aus. Nur wenige Menschen haben sich hierher verirrt – zum Spazieren, Sinnieren oder Simson-Shoppen. Eine kleine Garagenwerkstatt zeigt noch heute ihre Schätze aus der guten alten Zeit. Einer Zeit vor 2002, als in den hiesigen Hallen noch Mopeds, Mokicks und Roller vom Band liefen. Dabei waren Simson-Maschinen der Dauerbrenner innerhalb und außerhalb der DDR: bezahlbar, leicht zu reparieren und vor allem verfügbar – an ein Auto brauchte man ja fast gar nicht zu denken.

»MOTOREN, STOPP!« Dabei war für den Großteil der 3500 Beschäftigten schon nach der Wiedervereinigung im Dezember 1990 Schluss. Zum Jahreswechsel verließen nicht nur die Mitarbeitenden selbst, sondern auch einige der Maschinen das Gelände. Sie fanden andernorts eine neue Bestimmung. Das war das Aus für die alteingesessene Traditionsfirma am Standort Suhl. Generationen von Arbeitern hatten hier in Lohn und Brot gestanden, bis nach der Wende die Treuhand mit der Privatisierung des Unternehmens beauftragt wurde und die Firma an den Meistbietenden verkaufte. Schon 1993 ging daraufhin die Waffensparte des Unternehmens insolvent, 2002 auch die Fahrzeugsparte.

WAFFENSTADT SUHL Dabei begann die Geschichte der Firma so vielversprechend, als die Gebrüder Simson 1856 ihre Waffenschmiede gründeten. Löb und Moses waren die Söhne einer alteingesessenen jüdischen Unternehmerfamilie im Ort. Sie genossen Ansehen und ergriffen die Chancen, die ih-

Wo früher Mopeds vom Band liefen, überwintern heute teils Wohnmobile.

nen das 19. Jahrhundert bot. Innerhalb kürzester Zeit hatte sich ihre Firma zu einem florierenden Gemischtwarenhersteller entwickelt – sogar Fahrräder und Automobile kamen im Lauf der Zeit hinzu. Für einen Einschnitt sorgte jedoch der Ausbruch des Ersten Weltkriegs: Ab sofort produzierte Simson Waffen für die Truppen des deutschen Kaiserreichs. Die Belegschaft wurde fast verdreifacht und die Produktion ausgeweitet, um den enormen Bedarf zu decken. Konsumgüter blieben bis Ende des Krieges auf der Strecke. Doch auch dann erwies sich die Waffensparte als lukratives Geschäft – in der Weimarer Republik erhielt Simson als einziges Unternehmen unter dem Versailler Vertrag die entsprechende Konzession.

UNGESÜHNT Doch der wirtschaftliche Erfolg der Familie war danach nicht mehr von langer Dauer. Bereits kurz nach der Machtergreifung Hitlers hatten die Nationalsozialisten ein Auge auf das florierende Geschäft der jüdischen Familie geworfen. Schon 1933 hissten SA-Männer die Hakenkreuzfahne auf dem Fabrikgelände. Dem thüringischen Gauleiter Fritz Sauckel waren die Simsons ein Dorn im Auge. Für ihn war das Unternehmen von »größter Bedeutung« und es sei »politisch unerträglich«, dass Juden über eine solche wirtschaftliche Machtposition verfügten, schrieb er in einem Brief, adressiert an Hitler. Nach kurzem Schauprozess wird die Familie enteignet, die Produktion von Kraftfahrzeugen zurückgeschraubt und die Waffenherstellung angekurbelt. Ab 1939 trägt die Firma den Namen »Gustloff-Werke«. Der Familie gelingt die rechtzeitige Flucht in die USA. Nach dem Krieg werden Reparationen fällig und als Rüstungsbetrieb

↓ Zu DDR-Zeiten wurden die Mopeds über den eigenen Bahnanschluss verladen.

↘ Auch die repräsentative Villa der Simson-Familie steht schon lange leer.

hat die Firma Simson sie zu leisten. Produktionsstätten werden demontiert und nach Russland verschifft. Die verbliebenen Maschinen nehmen wieder Fahrt auf: Ab 1952 agiert das Unternehmen als VEB Fahrzeug- und Gerätewerk Simson Suhl. Nur von der Familie Simson ist zu diesem Zeitpunkt niemand involviert. Die Vorgeschichte interessierte die DDR-Führung schlichtweg nicht. Auch bei der Veräußerung der Firma nach der Wende nahm man auf Rechtmäßigkeit keine Rücksicht und verkaufte an den Höchstbietenden. Die Aufgabe der Treuhand: Privatisierung, nicht Entschädigung – deshalb hatte die Familie keine Chance, ihr Erbe zurückzuerlangen und mit Konzept weiterzuführen. Da dürften auch die geleisteten Entschädigungszahlungen in Höhe von 18,5 Millionen D-Mark kein besonderer Trost gewesen sein.

Das besondere Erlebnis

Am Hang des Suhler Dombergwegs findet sich auch die einstige Familienvilla. Auch sie durfte schon lange keine freudigen Gesichter mehr begrüßen, denn auch sie steht seit vielen Jahren leer. Zwar fand sich 2016 ein neuer Investor, 2020 stand der Bau – weiterhin unsaniert – jedoch erneut zum Verkauf. Letztlich wurde die Villa 2023 zum Preis von 260 000 Euro versteigert. Die neue Eigentümerin plant einen Ausbau als Wohn- und Gästehaus. Bisher aber steht die stattliche Villa erstmal weiter unsaniert auf dem Domberg und überblickt die Stadt. Sie strahlt damit eine gewisse Wehmut aus – fügt sich so aber nur noch besser in das traurige Vermächtnis der einst so großen Erfolgsgeschichte der Familie Simson.

Das vernachlässigte Entrée verleiht dem Haus eine unheimliche Atmosphäre.

5

AUSGEMUSTERT

NVA-Erholungsheim Hachelstein

13 Tage pure Erholung winkten den Soldaten der Nationalen Volksarmee zu DDR-Zeiten in Hachelstein im Thüringer Wald. Seit den 1990er-Jahren steht es leer. An Entspannung ist bei dem verlassenen Haus heute wirklich nicht mehr zu denken.

Schmalkalden, Landkreis Schmalkalden-Meiningen **Ort** Talstraße 154, 98574 Asbach, OT Schmalkalden **GPS** 50.730746, 10.498193 **Anfahrt** Mit der Bahn nach Schmalkalden-Fachhochschule (RB-Strecke Zella-Mehlis–Wernshausen) und ca. 40 Minuten Fußweg oder mit dem Auto über die A71 bis zur Ausfahrt Meiningen-Nord, weiter auf B19/Leipziger Straße, dann der L1026 Richtung Schmalkalden und Schildern Richtung Burgruine Hallenburg bis zur Talstraße folgen

Die frühere Pension liegt unmittelbar an der Ortsdurchfahrt.

↑ Die schwere Tür verschwindet zusehends hinter wuchernden Gräsern.
↗ Scheinbar wurde zu DDR-Zeiten rechts ein weiterer Flügel angebaut.

GESCHLOSSENE GESELLSCHAFT Zwar liegt es direkt an der Hauptstraße von Asbach, einem kleinen Ortsteil von Schmalkalden. Allerdings scheint sich außer den Anwohnern kaum jemand hierher zu verirren. In kalter Herbstluft und langsam einsetzender Dämmerung, strahlt das zum Teil mit Schieferschindeln verkleidete Erholungsheim wenig Erholsames aus. Als das Hotel und Pensionshaus 1905 am Fuße des Hachelsteins errichtet wurde, hätte sich wohl niemand träumen lassen, dass es einmal ein solch tristes Dasein fristen würde. Doch nach 40 Jahren als Eigentum der Nationalen Volksarmee der DDR, einiger Zeit ungenutzt im Besitz der Bundeswehr und dem Leerstand seit 2003, ist der Verfall des Fachwerkbaus nicht mehr zu übersehen. Die hintere Wand des Gebäudes war vor einiger Zeit eingestürzt. Im Haus türmten sich meterhohe Schuttberge. Gegen diese gingen die neuen Eigentümer vor – und versuchen die historische Immobilie wieder in frischem Glanz erstrahlen zu lassen. Neugierige können diesen Ort also nur noch von der Straße aus begutachten.

BLICK IN DIE VERGANGENHEIT Drinnen begab man sich lange auf eine kleine Zeitreise in tiefste DDR-Zeiten. Zwischen Mustertapeten und Spitzengardinen fanden sich allerlei Unterlagen, Zeitschriften und ostdeutsche Design-Klassiker. Während des Hotelbetriebs gab es hier aber nicht nur den ein oder anderen Augenschmaus – auch für das leibliche Wohl der Soldaten war gesorgt. Gute deutsche Hausmannskost sollte die Männer während ihres Aufenthalts neue Kräfte mobilisieren lassen.

MILITÄR- UND BAUERNSTAAT Schon früh baute man im Osten wieder militärische Strukturen auf. 1962 wurde schließlich die 18-monatige Wehrpflicht für alle Männer bis zu ihrem 26. Geburtstag eingeführt. Wer studieren wollte, stellte sich besser schon früh auf eine Wehrzeit von mindestens drei Jahren ein. Kriegsdienstverweigerung aus Gewissensgründen, wie sie in der BRD mit dem Zivildienst ermöglicht wurde, existierte in der DDR de facto nicht. Zwar konnte man aus religiösen Gründen den Dienst an der

Waffe verneinen. Das führte jedoch zum Einsatz als Bausoldat, der nicht nur mit schwerster körperlicher Arbeit, sondern später auch mit Nachteilen im beruflichen und gesellschaftlichen Leben einherging. Eine der größten Sorgen vieler Soldaten: die Einberufung für die Grenztruppen inklusive Schießbefehl.

URLAUB UNTER WACHSAMEM AUGE Hier in Asbach fanden die Offiziere Zerstreuung: Wandern, Skifahren, Sport im hauseigenen Trainingsraum. Natürlich nur, solange sie sich getreu den sozialistischen Prinzipien verhielten. Denn das Ministerium für Staatssicherheit war nie weit. Auch in Frauenwald befand sich zum Beispiel ein Erholungsheim »Auf dem Sonnenberg«, das zweitgrößte auf dem früheren Staatsgebiet. Gebaut wurde die Anlage für Soldaten genau wie für Angehörige des MfS. Sie verfügte über unzählige Annehmlichkeiten wie ein Schwimmbad, Kegelbahnen sowie einen Film- und Tanzsaal. Das ließ man sich gut bezahlen: Für eine Übernachtung mit Vollpension veranschlagte man dort 65 DDR-Mark, etwa so

Mitarbeiter des MfS waren hier ebenso untergebracht wie NVA-Soldaten.

Überreste des Grenzzauns zwischen Thüringen und Niedersachsen

viel wie eine Monatsmiete. Über die Preise in der Hachelsteiner Herberge ist leider nichts bekannt.

Das besondere Erlebnis

Feindlichen Einheiten an der Grenze direkt in die Augen blicken. Hoffen, keine »Republikflüchtlinge« aufhalten zu müssen. Patroullieren am Todesstreifen. Auf deutschem Boden glücklicherweise alles längst Vergangenheit. Mit dem Grenzlandweg Eichsfeld zwischen Thüringen und Niedersachsen ist eine Erinnerungsstätte an das schwierige Kapitel deutsch-deutscher Geschichte und einem Aufgabengebiet der NVA am Leben geblieben. Wandeln Sie auf den Pfaden der Grenzer – heute glücklicherweise ohne Minen, Selbstschussanlagen oder Bluthunde.

Alles im Blick: freie Sicht über das Sperrgebiet vom Wachturm am Grenzlandweg

Gleichermaßen Lust- wie Luftschloss: der Herzogstuhl bei Kleineutersdorf

6

ZUR STRECKE GEBRACHT

Herzogstuhl und Jagdanlage Rieseneck

Versteckt im Wald bei Kleineutersdorf steht ein Riese aus Stein und Fachwerk. Angrenzend an die Jagdanlage Rieseneck, gibt die eigentliche Bestimmung des Herzogstuhls bis heute Rätsel auf.

Kleineutersdorf, Saale-Holzland-Kreis **Ort** Jagdanlage Rieseneck, 07768 Kleineutersdorf **GPS** 50.769414, 11.578075 **Anfahrt** Mit dem Auto über die A4, Ausfahrt Stadtroda/Bollberg/Mörsdorf nehmen, dann der Beschilderung der Landstraße zur Jagdanlage Rieseneck folgen, von dort Wanderung zu Fuß durch den Wald

INS VISIER GENOMMEN Vom Parkplatz aus startet eine ca. 30-minütige Wanderung über Felder und Waldwege. Baumwipfel schwingen im kühlen Wind. Die Wintersonne taucht den Wald in goldenes Licht und lässt die dünne Schneedecke tauen. Die Strecke gleicht einem Minenfeld aus noch gefrorenen Pfützen und Morast. Die Luft ist so klar, wie sie es nur im Wald sein kann. Nach gut einer halben Stunde erscheint das Dach des Herzogstuhls erstmals zwischen den Bäumen. Er thront über dem hinter ihm abfallenden Gelände und überblickt das Forstareal Rieseneck. Seine Architektur ist beeindruckend. Es wirkt, als hätte jemand ein vierstöckiges Fachwerkhaus einfach auf ein hohes Podest aus Stein gesetzt – irgendwie deplatziert. Doch das Mauerwerk bietet dem Schlösschen Sicherheit. Seine schweren Metalltüren im untersten Geschoss sind nicht zu überwinden. Den Zutritt durch den Haupteingang versperrt eine hochgezogene, schwere Zugbrücke. Hellgrüne Fensterläden bilden einen ungewöhnlichen Kontrast zum braunen Fachwerk und den kargen Baumkronen, die den Herzogstuhl umgeben.

JÄGER UND SAMMLER Neben Mischwäldern ranken sich auch einige Mythen um diesen Ort. Über den von Herzog Ernst II. von Sachsen-Anhalt errichteten Herzogstuhl munkelt man bis heute, er sei ein reines Lustschloss gewesen. Geheime Gänge und Türen sollen es seinen Mätressen erlaubt haben, unbemerkt die Gemächer des Fürsten zu betreten und zu verlassen. Hinter einem unscheinbaren Wandschrank soll sich tatsächlich eine schmale Wendeltreppe aus Stein verbergen, die direkt vom Keller in den Gesellschaftsraum des Herzogs, einige Stockwerke darüber, führt. Auch hier ist der Zugang nicht einfach zu erkennen – er ist als Toilette getarnt. Hat der Herzog also hier seine Geliebten empfangen? Er habe sich lediglich nach »Frieden und Waldesruhe« gesehnt und deshalb den Bau zu Zeiten des

↓ Die schwere Zugbrücke versperrt ungebetenen Gästen den Zugang.
↘ Ende der Hetzjagd: Rotwild wurde mit Futter zur Wiese der Jagdanlage gelockt.

Ersten Weltkriegs errichten lassen. Bei dem verborgenen Aufgang könnte es sich ebenso gut um eine Feuertreppe gehandelt haben, denn zum Baubeginn im frühen 20. Jahrhundert machte man sich bereits Gedanken über Brandschutz. Auf Schloss Altenburg, dem eigentlichen Wohnsitz des Herzogs, soll es in der Tat geheime Gänge zum unbemerkten Eintreten von Geliebten gegeben haben. Gerüchten zufolge habe sich Ernst II. aus Versehen selbst mal in einem von ihnen eingeschlossen. Dabei war der Herzog seit 1898 mit Adelheid zu Schaumburg-Lippe verheiratet – eine zu jener Zeit eine untypische Liebeshochzeit. Allen Seitensprüngen zum Trotz hatten sie vier gemeinsame Kinder und einen treuen vierbeinigen Begleiter, den Hund Schleich. Die siebenköpfige Familie verewigte Ernst II. sogar in seinem Emblem, das sich auch über der Zugbrücke vom Herzogstuhl befindet – das »Rieseneck«, ein an ein Pentagramm angelehnter Stern mit sieben Zacken.

AUF DER PIRSCH Das Ende des Ersten Weltkriegs, in dem Ernst II. als Feldherr kämpfte, besiegelte gleichzeitig das Ende der Monarchie in Deutschland. Damit verlor er all seine Titel. Von nun an nannte er sich selbst »Freiherr von Rieseneck«. Bis 1943 kam er regelmäßig zur Jagd in die alte Anlage und residierte dann mutmaßlich in seinem Herzogstuhl. Die Jagdanlage selbst findet sich in kurzer Distanz zum Schlösschen des einstigen Herzogs. Sie stammt aus der zweiten Hälfte des 16. Jahrhunderts – und

Unterirdische Pirschgänge ermöglichten die unbemerkte Fortbewegung.

↑ Perfekte Bedingungen: tief im Wald verborgen liegt die Jagdanlage
↗ Jagdromantik: Neues Schloss Hummelshain und Plastik eines erlegten Hirsches

hat im Lauf der Zeit so manch deutschen Hochadel begrüßt. Seine unterirdischen Pirschgänge dienten dem unbemerkten Heranschleichen an das Rotwild, das hier mit Vorliebe vor die Flinte kam. Im 19. und 20. Jahrhundert veränderte sich die Jagdkultur der Fürsten jedoch, sodass die Anlage Rieseneck zunehmend an Bedeutung verlor. Nach dem Zweiten Weltkrieg war das Gebiet dann fast vollständig in Vergessenheit geraten. Nur einige deutsche Flak-Soldaten nutzten den Herzogstuhl als Versteck. Dank der schweren Betontüren entpuppte sich der Turm als idealer Unterschlupf. So konnten sie sich vor amerikanischer Gefangenschaft drücken und blieben die einzigen, die hier zwar gejagt, aber nicht zur Strecke gebracht wurden.

Das besondere Erlebnis

Teil des historischen Ensembles der Region ist auch das Neue Schloss Hummelshain in der Nähe der Jagdanlage Rieseneck. Nach einem verheerenden Brand im Jahr 1872 entstanden unter der Herrschaft von Herzog Ernst I., dem Onkel von Ernst II., Pläne für einen Wiederaufbau des Jagd- und Lustschlosses. Auch heute befindet sich der historische Bau wieder in einer Aufbauphase – denn seit 1992 stand er leer, war zunehmendem Verfall ausgesetzt. Der Förderverein des Schlosses kämpft seit 1998 um den Erhalt des historischen Ortes. Machen Sie sich vor Ort selbst ein Bild und besuchen das »Neuschwanstein Thüringens« (Infos: www.foerderverein-schloss-hummelshain.de).

7

TRAUERSPIEL

Kulturpalast Unterwellenborn

Paläste gab es im Arbeiter- und Bauernstaat jede Menge. Während einige abgerissen und andere umfangreich saniert wurden, stehen wieder andere seit der Wende einfach leer und verfallen – wie in Unterwellenborn.

Unterwellenborn, Landkreis Saalfeld-Rudolstadt **Ort** Heinrich-Heine-Straße 30, 07333 Unterwellenborn **GPS** 50.662452, 11.443940 **Anfahrt** Mit der Bahn nach Saalfeld (Saale), weiter mit dem Bus nach Unterwellenborn oder mit dem Auto erreichbar über die A9 bis Ausfahrt Triptis, weiter auf B281 Richtung Saalfeld/Pößneck bis Unterwellenborn

Linker Seitenflügel des Kulturpalastes mit bröckelndem Fundament.

Das Gebäude wurde Versammlungen und den schönen Künsten gewidmet.

EINE TRAGÖDIE Ob Theateraufführungen, Tanzveranstaltungen oder Lesungen: Mit bunter Unterhaltung sollte die nationalsozialistische Vergangenheit aus den Köpfen der Bevölkerung verdrängt und ihre Lebensgeister wieder geweckt werden. Seit 1990 liegt das einstige kulturelle Zentrum der Maxhütte Unterwellenborn nun jedoch in einem Dornröschenschlaf. Nur das Mauerwerk arbeitet hier noch. Es verschafft sich Luft, wirft Putz und Farbe ab. Auf dem großen Platz am Haupteingang sprießt unaufhaltsam Unkraut aus den Fugen der zersprungenen Steinplatten. Die Grünanlagen, die den pseudoklassizistischen Bau umgeben, mögen früher ein imposanter Park gewesen sein. Heute sind nur noch wilde Wiesen, wuchernde Sträucher und Bäume übrig. Überall wird auf Überwachungskameras hingewiesen, die Türen sind mit Absperrband behangen. Nachdem jahrelang Wasser in die Seitenflügel eindringen konnte, erhielt das Dach kürzlich nagelneue Ziegel. Diese Maßnahme geht auf die Bemühungen des Vereins zurück, der sich dem Erhalt des Kulturpalastes verschrieben hat. Inzwischen finden dazu allerdings auch wieder Gespräche zwischen Eigentümern, Verein und interessierten Bürgern statt. Es besteht also noch Hoffnung für den Kulturpalast.

DIE GROSSE BÜHNE Zur Förderung von Kultur und Gemeinschaft wurden in sozialistischen Ländern besonders in Hauptstädten, aber auch an anderen wichtigen Standorten imposante Kulturpaläste errichtet. Sie sollten das Stadtbild prägen und zum Mittelpunkt des kulturellen Lebens werden. Besonders anschaulich macht das der Kulturpalast in Warschau, der sich in der Nachkriegszeit zu einem Wahrzeichen der Stadt entwickelte. Der hierzulande bekannteste Bau war wohl der Palast der Republik in Berlin. Darin wurden nicht nur SED-Parteitage abgehalten, auch lockte das vielseitige Gastronomie- und Freizeit-Angebot. Selbst für Dreharbeiten der damals beliebten Unterhaltungssendung »Ein Kessel Buntes« fand sich hier ein Plätzchen. Besonders mar-

↑ Früher Aufführungsort, ist der Bau heute selbst Protagonist des Dramas.
↗ Der Schock darüber steht auch den Plastiken am Eingang ins Gesicht geschrieben.

kant war jedoch die riesige Fensterfront mit dem rund um die Uhr üppig beleuchteten Foyer und Treppenhaus. Es war dieser Anblick, der dem Bau den spöttischen Beinamen »Erichs Lampenladen« verpasste – bezogen auf den Partei- und Staatsratsvorsitzenden Erich Honecker. Von 2006 bis 2008 wurde er abgerissen, um das Berliner Stadtschloss wieder aufzubauen. Der Kulturpalast in Unterwellenborn hingegen ist überraschend gut erhalten. Besonders, wenn man bedenkt, dass auch hier seit 1990 nur noch selten Lampen brannten.

VORHANG AUF Das Gebäude aus dem Jahr 1955 wurde ursprünglich für die bis zu 7000 Werktätigen der Maxhütte bei Rudolstadt erbaut. Aber was machte ausgerechnet Unterwellenborn so wichtig? Schon seit 1872 diente der Standort als Produktionsstätte für Roheisen. Nach Ende des Zweiten Weltkriegs wurden überall in der Sowjetischen Besatzungszone die Stahlwerke abgebaut und als Reparationszahlungen gen Russland verschifft. Unterwellenborn blieb als eines von wenigen seiner Art übrig, was es zu einem unabdingbaren Eckpfeiler machte, um das Land wirklich aus Ruinen auferstehen zu lassen. Trotz dieser großen Rolle des kleinen Ortes, mussten kulturelle Veranstaltungen in den ersten Jahren des VEB Bergbau- und Hüttenkombinat Maxhütte im Werk selbst stattfinden. Das barg jedoch einige Gefahren und Unannehmlichkeiten. So habe zum Beispiel der Produktionshammer aufgrund des Lärms während der Aufführungen immer stillstehen müssen. 1949 wurde der Ruf nach dem Bau einer angemessenen Lokalität in Werksnähe laut – und genehmigt. Der entstandene Kulturpalast Unterwellenborn beherbergte einen Festsaal für bis zu 800 Gäste, eine Bibliothek, Restaurants und Platz für

Fotografie, Volkstanz und Literatur. Direkt nach getaner Arbeit sollte man sich hier kulturell betätigen können: Niedrige Eintrittspreise und kostenlose Teilnahme an Musikunterricht und Interessenszirkeln ermöglichten die Partizipation für alle.

DER VORHANG FÄLLT Mit der Wiedervereinigung kam auch das Aus für den Kulturpalast. Erst wechselte das Grundstück in Privatbesitz, dann versuchte man Nutzungskonzepte zu erarbeiten. Als alle Versuche scheiterten, blieb das lachsfarbene Gebäude leer und ungenutzt – bis auf wenige Großveranstaltungen, die man noch hier abhalten konnte. Inzwischen ist jedoch auch damit Schluss. Grund ist nicht nur, dass sich Verein und Eigentümer uneins sind. Inzwischen nagt der Zahn der Zeit immer stärker am Bau. Auch die wertvolle Bühnentechnik gibt es nicht mehr. Sie wurde bei einem Einbruch entwendet – ein Schaden von mehreren Zehntausenden. Bleibt zu hoffen, dass sich Eigentümer, Politik und der Verein einigen und dieser steingewordene Zeitzeuge der Thüringer Hochkultur eine Chance bekommt, aus seinem andauernden Schlaf erweckt zu werden.

Das besondere Erlebnis

Große und kleine Kulturstätten gab es vielerorts in Thüringen. Einige recht unscheinbar und heute noch in Betrieb, andere imposant, aber verfallen – wie der Fürstenhof in Eisenach. Lange Zeit war das Hotel der Anlaufpunkt für Großveranstaltungen aller Art, heute lockt er mit morbidem Charme (Kapitel 32).

Ungehemmt sprießt das Unkraut aus den Platten des imposanten Eingangsbereichs.

Das fehlende Dach offenbart den Blick auf den Himmel über den Malzwerken.

8

HOPFEN UND MALZ VERLOREN

Die Malzwerke Gößnitz

Mächtig thront die Fabrik über der Kleinstadt – wie ein Denkmal an die Blütezeit des Thüringer Ortes. Früher versorgte sie den heimischen Markt mit dem beliebten Malzbier, heute erinnert nur noch wenig an ihren alten Glanz.

Gößnitz, Landkreis Altenburger Land **Ort** Alexander-Puschkin-Straße 12, 04639 Gößnitz **GPS** 50.888608, 12.426092 **Anfahrt** Mit der Bahn nach Gößnitz (RE-Strecke Göttingen–Glauchau (Sachs), alternativ S-Bahn) oder mit dem Auto über die A4, Ausfahrt Schmölln, und der L1361 nach Gößnitz folgen

DA BRAUT SICH WAS ZUSAMMEN Gößnitz im Altenburger Land wirkt zunächst recht unscheinbar. Verblasste Fassadenfarbe im Wechsel mit typischem DDR-Spritzputz, hier und da ein Fachwerkhaus. Der graue Himmel greift das städtische Farbspiel an diesem Tag besonders gut auf. So erweckt es fast den Eindruck, als wäre die Szene einem Schwarz-Weiß-Film entsprungen, irgendwie skurril. Aber dann zeigt sich ein grünes Fleckchen. Ein paar bunte Blätter, die noch an den Bäumen hängen, erscheinen wie kleine Farbtupfer auf dem Einheitsgrau. Ein schmaler Radweg führt ab von der Hauptstraße in Richtung einer Kleingartensiedlung. Nur noch die Bahngleise trennen mich von der 1899 gegründeten Malzfabrik V. Grimms Nachf., Rühl und Keller. Ihre Silos prägen das Gößnitzer Stadtbild.

GOTT ERHALT'S 1953 gingen die Werke in Staatseigentum der DDR über und wurden der Altenburger Brauerei angegliedert. Von Gößnitz aus belieferte der VEB bis 1990 namhafte Brauereien der Region für die Herstellung heimischen Malzbieres. Seit der Wendezeit werden die Gebäude in der Alexander-Puschkin-Straße dem Verfall überlassen. Und das sieht man bereits von der gegenüberliegenden Seite der Gleise: Die Fassade bröckelt, Bauteile sind herabgestürzt. Einige der scheibenlosen Fenster geben den Blick auf den tristen Himmel frei. Ziegel fehlen, und auch der Giebel ist an vielen Stellen bereits eingestürzt. Selbst der Himmel scheint bei diesem Anblick ein paar Tränen verdrücken zu wollen – denn plötzlich beginnt es zu regnen. Unerwartet rast ein ICE zwischen mir und den Malzwerken entlang und lenkt meine Aufmerksamkeit auf die Gleise. Diese Strecke machte die Industrialisierung des Ortes überhaupt erst möglich: Durch den frühen Bahnanschluss im Jahr 1844 siedelten sich Fabriken, Webereien und nicht zuletzt die Malzwerke hier an.

EIN FASS OHNE BODEN Vor dem Gelände auf der gegenüberliegenden Seite der Gleise verläuft eine holprige Kopfsteinpflasterstraße. Mit ihrer Beschaffenheit zwingt sie Besucher und Besucherinnen dazu, den Blick zu senken. Ein Gefühl von Demut macht sich breit und lässt die Ruine aus der Nähe doch ziemlich imposant wirken – trotz ihres katastrophalen Zustands. Wind pfeift durch löchriges Mauerwerk und Regen plätschert hinein. Über eine frühere Lkw-Laderampe ragen rostige Überreste eines Daches, der Eingang ist mit einem Bauzaun versperrt. An anderer Stelle offenbaren eingeschlagene Fenster und aufgebrochene Türen riesige Schuttberge im Inneren. Obwohl das Gelände frei zugänglich ist, erweckt die gespenstische Stille des Ortes im trüben Herbstwetter einen unheimlichen Eindruck.

Lange wurde nichts mehr verladen, aber das Stahlgerüst an der Rampe überdauert.

Die Silhouette der früheren Malzwerke prägt das Stadtbild bis heute.

EINZIGARTIG GEB(R)AUT Besonders faszinierend erscheint die widersprüchliche Architektur der beiden Silotürme. Während der erste im Rahmen der Gründung der Malzfabrik entstand und dem Stil des späten 19. Jahrhunderts entspricht, folgte der zweite in den 1920er-Jahren im Zeichen der Neuen Sachlichkeit, eine schnörkellose Bauart mit klarer Kante. Trotz der maroden Fassade strahlt der zweite Turm damit eine gewisse Stärke aus. Bis heute ragen die beiden Türme der Malzwerke über die Dächer der Kleinstadt Gößnitz – die Frage ist nur, wie lange noch. Im November 2024 wurde das Gelände inklusive dreier Grundstücke zwangsversteigert. Was

in Zukunft damit passieren soll, ist jedoch noch unklar.

Das besondere Erlebnis

Die Thüringer Wirtschaft litt stark unter der nach der Wende eingesetzten Treuhand. Die geplante Abwicklung bzw. der Verkauf in privatwirtschaftliche Hände scheiterte häufiger, als dies gelang. Viele Firmen mussten Insolvenz anmelden und stehen bis heute leer. So ist es nicht verwunderlich, dass sich auch heute noch unzählige Industrieruinen finden lassen – wie die Überreste der Porzellanfabrik in Lichte (Kapitel 23).

9

SPERRGEBIET

Grenzübergangsstelle Wartha/Herleshausen

Heute fährt man einfach daran vorbei, früher gab es kein Vorbeikommen. Sechs Jahre lang wurden hier Passierscheine gestempelt, Autos durchsucht und Menschen in den Westen geschmuggelt. Die Straße zur Freiheit? Führt inzwischen ins Nichts.

Krauthausen, VG Hainich-Werratal, Wartburgkreis **Ort** A4, 99819 Krauthausen **GPS** 51.009163, 10.250016 **Anfahrt** Mit der Bahn nach Eisenach (ICE/IC/RE-Strecken) und mit dem Bus nach Deubachshof oder Gewerbegebiet; oder mit dem Auto über die A4 bis zur Raststätte Eisenach-Nord. Sie ist aus beiden Fahrtrichtungen zugänglich.

Der Rasthof diente zu DDR-Zeiten als Führungspunkt des Kommandos Grenzsicherung.

Am früheren Zollhaus wurden Reisende kontrolliert und abgefertigt.

AM SCHLAGBAUM Entlang der A4 liegt ein stinknormal wirkender Rastplatz. Der Boden ist gefroren. Wind pfeift bei Minusgraden mit hoher Geschwindigkeit über die Anhöhe hinweg, auf der sich der Autohof befindet. Straße und Gebäude in unauffälligem Grau. Ins Auge fällt nur ein bemerkenswert großer Bereich, der durch Betonblöcke als Lkw-Parkplatz abgetrennt ist. Darauf finden sich in regelmäßigen Abständen metallene Pfeiler zur Beleuchtung. Diese wirken dann doch etwas überzogen für eine einfache Raststättenbeleuchtung. Kein Wunder, schließlich handelt es sich dabei um Flutlichtanlagen aus anderen Zeiten. Dahinter steht ein flacher Bau mit traurig dreinblickender Wellblechverkleidung entlang der Fassade und dem kleinen Vordach. Das ehemalige Zollhaus. In diesem Areal und wenige hundert Meter abseits der Autobahn saßen einst jene Staatsdiener, die über die Schicksale tausender Menschen entschieden – hier an der ehemaligen Grenzübergangsstelle Wartha/Herleshausen. Bis heute zeugt ein Zettel an der Tür von jener Zeit. Er

Sinnbildlich für den Sturz des Regimes und seiner Überwachung

↑ Nur ein schmaler Treppenaufgang führt im Inneren des Turmes in die Höhe.
↗ Auf der »Straße zur Freiheit« verließen Ausreisende Thüringen Richtung Hessen.

weist auf Deutsch, Russisch und Englisch auf den Umzug des Zollamtes nach Eisenach hin. Schweift der Blick jedoch noch ein Stückchen weiter in Richtung der Autobahn, taucht der ehemalige Grenzturm auf. Umringt von kargen Sträuchern, hinter einem Zaun gelegen. Eigentlich sogar auf einem komplett umzäunten kleinen Areal. Einer Insel der Sicherheit quasi. Eine alte Laterne liegt quer hindurch – sinnbildlich für den Sturz des totalitären Regimes, das sie einst aufgestellt hatte. Zum Schutz vor dem »imperialistisch kapitalistischen Ausland« ebenso wie vor bösen Republikflüchtigen. Dem gleichen Zweck diente auch der Zaun, der sowohl den Turm säumt als auch entlang der bedeutsamen Straße verläuft, die früher in die Freiheit führte. Heute endet sie in einer Leitplanke kurz vor der Bundesautobahn.

TRANSITVERKEHR Zwar war die Strecke zwischen Wartha und Herleshausen bereits seit 1946 der designierte Grenzübergangspunkt zwischen amerikanischer und sowjetischer Besatzungszone. Zunächst lagen die Kontrollstellen aber entlang der Landstraße, die beide Orte miteinander verband. Daran änderte sich auch nach dem Mauerbau erstmal nichts. Bis zum späteren Ausbau der Bundesautobahn verlief der Grenzverkehr entlang der Bahngleise. Nur der Personenverkehr, der über den Bahnhof Wartha in den »Westen« reisen durfte, wurde 1963 eingestellt. Der Bahnhof demontiert. Lediglich Gütertransporte konnten bis 1978 noch passieren. Die schmale Transitstraße zwischen Wartha und Herleshausen blieb für den Kleinen Grenzverkehr geöffnet, der Ostbesuche für Bundesbürger aus grenznahen Kreisen regelte. Aber auch für den Austausch von Agenten diente der

Weg. So soll Günter Guillaume 1981 hier zurück in die DDR gebracht worden sein. Er war jener Spitzel des Ministeriums für Staatssicherheit, der viele Jahre als enger Vertrauter Willy Brandts die Bundesregierung unterwandert und letztlich das Abdanken des westdeutschen Kanzlers zu verantworten hatte. Während er nach seiner Enttarnung in der BRD in Haft saß, wurde er nach seiner Rückkehr in Kreisen des MfS als Volksheld gefeiert.

ACHTUNG, SPERRGEBIET! Als Anfang der 1980er-Jahre die Autobahn 4 ausgebaut worden war, konnten auch die Grenzpunkte auf beiden Seiten in Richtung der Schnellstraße verlegt werden. Ende 1984 nahm man an der Übergangsstelle die Arbeit auf. Der Weg auf der Ostseite führte zunächst durch den nahegelegenen Deubachshof, heute ein Gewerbegebiet. Der ehemalige Gutshof lag fortan im Sperrgebiet. Hermetisch abgeriegelt, nur noch mit Passierschein erreichbar. Nach der Grenzöffnung im November 1989 stellte die »GüSt« ihren Dienst ein, der alte Hof war endlich wieder frei. Heute existiert von ihm nur noch das uralte Torgemäuer, das im Lauf der Jahre endlose Schlangen aus Trabis und Wartburgs ebenso wie hoffnungsvolle und gleichermaßen verängstigte Gesichter vorbeiziehen sah.

Das besondere Erlebnis

Folgen Sie der Straße »An der Autobahn«, die vom Rastplatz direkt zum Gelände der einstigen Passkontrollen hinunterführt. Anschließend unternehmen Sie einen kurzen Spaziergang entlang des alten Transitwegs, die Straße der Freiheit hinunter Richtung Westen. Auch wenn heute keine Grenzer mehr auf ihren Posten sitzen und die Passierscheine kontrollieren – Unbehagen löst dieser Ort dennoch aus. Besonders in der kargen Winterzeit, in der alles gleich nochmal etwas grauer und düsterer erscheint.

Mehr ist nicht übrig vom Gutshof Deubachshof – er wurde vor einiger Zeit abgerissen.

Die Saale fließt unscheinbar durch den Jenaer Paradies-Park.

10

TOD IM PARADIES

Die Sage der Saalenixe

Das Paradies: Nicht nur ein wunderschöner Garten voller Versuchungen, auch ein beschauliches Fleckchen mitten in Jena. Doch in der Saale, die genau hindurchfließt, treibt eine mordlüsterne Nymphe ihr Unwesen.

Jena, Thüringen **Ort** Paradiesbahnhof, 07743 Jena **GPS** 50.925188, 11.587687 **Anfahrt** Mit der Bahn nach Jena Paradiesbahnhof (ICE/IC/RE-Strecke Großheringen-Saalfeld) oder mit dem Auto über die A4 bis zur Ausfahrt Stadtrodaer Str./B88 Richtung Jena-Zentrum/Uni-Klinikum/Naumburg, anschließend dem Streckenverlauf bis zum Paradiesbahnhof folgen

BADESPASS Der Johannistag, das ist der 24. Juni eines Jahres, wird andernorts feierlich begangen. In Jena jedoch wird der Tag von seltsamen Ereignissen überschattet. An diesem Datum halten sich die Menschen fern vom Fluss. Für viele ist das Gewässer an diesem Tag tabu. Auch Angler und Fischer nähern sich ihm nicht. Denn es ist der Tag, an dem die Saalenixe ihre Opfer fordert. Es ist der Tag, an dem das Flussgespenst sich zeigen und Ungläubige in die Tiefe entführen soll. So will es zumindest die Sage. Und bis heute flößen die Erzählungen Anwohnern genug Angst ein, dass sie den Raum der Nixe meiden. Schließlich berichten mehrere Überlieferungen von Zweiflern und Schaulustigen, die für ihre Neugier teuer bezahlten.

GEFÄHRLICHE SCHÖNE So sei einst ein Fleischer an besagtem Tag hier in Richtung der früheren Schneidmühle entlanggeschwommen. Auf seinem Rückweg zum Paradies sei er immer wieder unter Wasser verschwunden. Etwas habe ihn bei den Füßen gepackt und hinabgezogen. Passanten hätten jedoch seine Rufe gehört und seien ihm zu Hilfe geeilt. Mit vereinten Kräften haben sie den Fleischer befreien und zurück ans Ufer bringen können. Was sie dann sahen, habe ihnen das Blut in den Adern gefrieren lassen: blutunterlaufene Abdrücke zweier riesiger Krallen auf den Beinen. Noch schlimmer habe es einst einen Maler getroffen. Von seiner Neugier gepackt, habe er die Saalenixe aufspüren wollen. Am Ufer entlang sei er spaziert, habe Balladen gesungen und versucht, den Geist mit seinem Gitarrenspiel anzulocken. Und tatsächlich! Für einen kurzen Moment wolle er sie in ihrer ganzen Schönheit betrachtet haben. Doch als die Frauengestalt immer näher auf ihn zukam, habe er es mit der Angst zu tun bekommen und sei geflohen. Wie das Unglück es so wollte, habe es ihn geradewegs ins Wasser hineingeführt, wo er verschwand. Trotz sofortiger Suchmaßnahmen der Ortsansässigen, habe man den Maler erst am nächsten Tage ausfindig machen können – tot. Und erneut habe die Saalenixe ihr Opfer gefordert.

AUS DEM PARADIES Der Jenaer Park strahlt durchaus etwas Paradiesisches aus. Hier finden die Bewohner der Stadt einen Ruhepol. Ein ausgedehnter Spaziergang entlang der Saale schafft einen Ausgleich zum Alltag. Zur blauen Stunde, wenn sich die Dämmerung über das Wasser legt, wirken die Parkanlage wie der Fluss selbst schaurig schön. Lichter spiegeln sich im Wasser, kahle Bäume scheinen sich mit ihren Zweigen Spaziergänger krallen zu wollen. Selbst kleinste Bewegungen im Wasser wirken in diesem Schummerlicht unheimlich und lassen die Sage plötzlich deutlich realer erscheinen, als auf den ersten Blick vermutet – ganz unabhängig vom Datum.

Das besondere Erlebnis

Thüringen ist durchzogen von kleinen und mittleren Gebirgsketten sowie großen und düsteren Wäldern. Besonders im Süden des Bundeslandes mit dem Thüringer Wald und dem Schiefergebirge entstanden im Lauf der Zeit unzählige Mythen und Sagen, von denen man sich dort bis heute gern erzählt. So beschäftigt sich auch Kapitel 19 mit einer unheimlichen Überlieferung und dem mysteriösen Tod eines Försters – in der Sage vom Jägerstein.

Zur blauen Stunde legt sich eine gespenstische Stimmung über den Fluss.

11

IN KETTEN GELEGT

Die Kettenburg von Gräfentonna

Als sich die Grafen des Thüringer Adelsgeschlechts Tonna-Gleichen ihren Stammsitz im Gothaer Land schufen, ahnten sie nicht, welche düsteren Kapitel die Zukunft für die Familie und ihr Schloss bereithalten würde.

Gräfentonna, OT Tonna, Landkreis Gotha **Ort** Burggrabenstraße, 99958 Gräfentonna **GPS** 51.091546, 10.727779 **Anfahrt** Mit der Bahn nach Gräfentonna (RB Strecke Erfurt–Leinefelde) oder mit dem Auto über die A4, am Kreuz Erfurt-Gispersleben auf die B4 Richtung Nordhausen fahren, weiter auf die B176 Richtung Bad Langensalza und bis Gräfentonna folgen

Ein Turm, sie alle zu knechten: der Wachturm überblickt den gesamten Burghof.

Hinter diesen Mauern saßen Menschen 130 Jahre lang ihre Strafen ab.

STAMMSITZ Um 1200 ließen sie die spätromanische Wasserburg in der Gemeinde Tonna nahe Bad Langensalza errichten. Sie war umgeben vom typischen Wassergraben. Die ältesten Gebäudeteile wie der 35 Meter hohe Turm des Nordflügels und das hohe Vorderhaus im Nordosten stammen allem Anschein nach sogar aus einer noch früheren Epoche. Beide sollen Teil der Villa Tonna gewesen sein, in der sich schon im 9. Jahrhundert Adelige aufhielten. Spätestens jedoch seit 1089 waren die zukünftigen Grafen von Tonna und Gleichen nachweislich im Schloss Tonna, aus dem später die Burg werden sollte, angekommen.

INS SCHLOSS GEFALLEN Seit Anfang der 1990er-Jahre steht die Burg nun leer. Bedeckt mit einer dünnen, unberührten Schneedecke wirkt sie noch verlassener. Ihr fehlen Fenster, das Mauerwerk ist marode, das Dach löchrig. Einige Ziegel scheinen eingestürzt zu sein. Beim Blick in den Burggraben zeigt sich das verwilderte Gestrüpp unter feinem Pulverschnee. Kaum zu glauben, dass hier einmal genug Wasser hindurchplätscherte, um Angreifer abzuhalten. Auch die Straße, die am Schloss entlangführt, liegt unter einer Eisschicht. Jeder Schritt muss mit Bedacht passieren. Klirrend kalter Wind weht mir um die Nase. An der Atemluft zeigen sich die Minusgrade. Die Kettenburg erscheint mächtig und respekteinflößend. Aus heiterem – naja fast – Himmel ertönt lautes Kreischen und reißt mich aus den Gedanken. Es ist ein Vogelschwarm, der über der Burg kreist. Ich blicke zurück auf die mittelalterliche Steinmauer, die das Grundstück umgibt. An manchen Stellen erreicht sie eine Höhe von rund 1,80 Metern. An anderen fehlt sie komplett – da hindert nur ein Zaun am Betreten der Fläche. Einen solchen Umstand hätten sich die letzten Burgbewohner wohl nur wünschen können.

HINTER GITTERN Der Beiname Kettenburg kommt schließlich nicht von ungefähr: Von 1861 bis 1991 wurde sie zuerst umgebaut und anschließend als Zuchthaus genutzt. Nachdem die Anlage ein drittes Stockwerk erhalten hatte und um einen Anbau auf der Nord-

Das Schloss wurde zwischen 1200 und 1900 immer wieder erweitert.

seite erweitert worden war, bot sie Platz für 282 Einzelzellen. In seinen frühen Tagen wurde der Turm im Nordflügel von einem Turmwächter bewohnt. Während der 130-jährigen Nutzung als Gefängnis allerdings, stieg jeden Tag ein anderer Insasse in die Höhe hinauf, um die Uhr aufzuziehen. Am Südflügel des Gebäudes zeugen schwedische Gardinen vor den Fenstern von den letzten Bewohnern des Schlosses. Ab 1933 stieg der Anteil der aus politischen Gründen Inhaftierten drastisch an. Während der Kriegsjahre kamen Zwangsarbeiter und Kriegsgefangene hinzu. Aber auch zu DDR-Zeiten fanden sich hier Menschen, die lange Haftstrafen unter anderem für den Tatbestand der versuchten Republikflucht zu verbüßen hatten.

Aus dieser Zeit stammt auch der Bretterbau am Ende der Steinmauer. Er diente zu DDR-Zeiten als Wachturm. Direkt am Eckpunkt des Grundstücks gelegen, lässt sich der Burggraben nämlich komplett überblicken; große Scheinwerfer brachten zusätzlich Licht ins Dunkel.

URTEIL: LEBENSLÄNGLICH Eine solche Strafe hätte seinerzeit auch den Grafen von Gleichen, einem Verwandten der hier ansässigen Tonna-Gleichens, treffen können. Der Sage nach war dieser nämlich »zweibeweibt«, führte also eine Doppelehe. Wie es dazu kommen konnte? 1227 habe der Adelige seine Gemahlin und Kinder zurückgelassen, um den Landgrafen Ludwig IV. auf einen Kreuzzug zu begleiten. Dabei sei der Graf in Gefangenschaft geraten und habe fortan als Sklave eines Sultans leben müssen. Die einzige Chance auf Freiheit: fliehen mit der Tochter des Sultans. Als Gegenleistung für ihre Hilfe bei dem gefährlichen Vorhaben forderte diese das Eheversprechen des Grafen. Nach geglückter Flucht führte der Weg der beiden nach Rom, wo der Papst die junge Frau erst getauft und dann seinen Segen für eine Zweitehe erteilt habe. Anschließend seien sie gemeinsam auf die Burg Gleichen zurückgekehrt, wo die erste Frau des Grafen bereits wartete. Der Geschichte nach verstanden sich die Frauen bestens und teilten mit dem Grafen erst das Bett und später das

Grab. Ein Stein im Erfurter Dom soll die Erzählung belegen.

Fenster und Dach sind beschädigt, Schmuckelemente sind kaum noch erkennbar.

Das besondere Erlebnis

Kost und Logis mussten sich die hier Inhaftierten während der Strafe selbst verdienen, meist in Form von harter körperlicher Arbeit. Wie aus einem Interview mit einem ehemaligen Insassen der Kettenburg hervorgeht, fand diese Tätigkeit teils in den Simson-Werken statt. Der Industriepark in Suhl ist heute noch erhalten und lädt zu Spaziergängen und Erkundungstouren ein (Kapitel 4). Einigen der alten Produktionshallen wurde neues Leben eingehaucht. Andere sind dem Verfall preisgegeben. So entsteht ein beeindruckendes Bild der Kontraste – eng verbunden mit einem Thüringer Exportschlager.

↓ Auch der Wachturm aus DDR-Zeiten ist dem Verfall preisgegeben.

↘ Der Förderverein Schloss Tonna kämpft für den Erhalt, die Eigentümer tun nichts.

Schaurig schön: Der Camburger Bau versinkt im dichten Herbstnebel.

12

SPUK IM SANATORIUM

Waldsanatorium Schwarzeck

Eine verlassene Kurklinik. Luftwaffenschule der Nazis. Parteischule der SED. Versteckte, zugemauerte Räume. Schon die Eckpunkte in Schwarzecks Historie lösen Unbehagen aus. Dabei ist das längst nicht alles: Regelmäßig lassen unerklärliche Vorkommnisse Besucher erschauern.

Bad Blankenburg, Landkreis Saalfeld-Rudolstadt **Ort** Dittersdorfer Weg, 07422 Bad Blankenburg **GPS** 50.672537, 11.270448 **Anfahrt** Mit der Bahn nach Saalfeld/Saale (RB-Strecken), weiter mit dem Bus nach Bad Blankenburg oder mit dem Auto über die A71, Ausfahrt Stadtilm, in Richtung B90/B90n bis zur Wirbacher Str. in Bad Blankenburg nehmen

TOR AUF Ein schaurig schöner Anblick, das frühere Sanatorium in Bad Blankenburg. Es liegt einsam am Hang inmitten üppiger Wälder. Dichter Nebel umgibt Gebäude und Forst – und hüllt sie damit in einen gespenstischen Schleier. Dass hier und da der Zahn der Zeit sichtbar an dem über 100 Jahre alten Haus genagt hat, unterstreicht diesen Eindruck nur noch. Ob Patienten, Parteischüler oder Partygänger – im Laufe Schwarzecks bewegter Geschichte kamen sie alle hierher. Über eine Auffahrt, die zumindest damals gepflegt und einladend gewirkt haben dürfte. Aber das ist lange vorbei. Heute begrüßen mannshohe Sträucher jene Besucher, die sich auf das Gelände der Klinik wagen. Sie säumen den Weg bis zum Eingang. Der Gebäudekomplex hat ein unbeschreibliches Ausmaß, absolut überwältigend. Gefühlt hinter jeder Ecke liegt noch ein weiterer Anbau. Schwarzeck besteht aus miteinander verbundenen Einzelbauten wie dem Hauptgebäude mit seinem Zierfachwerk, dem Camburger Bau im Landhausstil und der Turmvilla. Sie alle stehen noch heute. Nicht mehr ganz so pompös. Nicht mehr ganz so lebendig.

THERAPIEZENTRUM MIT TRAGIK Der architektonische Flickenteppich des Schwarzecks zeugt von einer Geschichte des stetigen Ausbaus. Als Karl Schulze und Paul Wiedeburg das Anwesen 1901 erwarben, existierte darauf noch nicht viel. Die beiden hatten jedoch eine Vision: Hier sollte ein einzigartiges Kurheim entstehen, das die Menschen nach Bad Blankenburg bringt. Gesagt, getan. Die Gäste kamen gern. Und sie kamen zahlreich. In den Jahren nach der Eröffnung waren aufgrund der hohen Nachfrage fortlaufende An- und Umbauten nötig, bis 1925 die endgültige Kapazität von 120 Gästen erreicht wurde. Meist wohlhabende Patienten und Kurgäste

Im Keller liegen ganze Räume im Verborgenen und heizen Spekulationen an.

kamen in Schwarzeck unter – ob zur »Sommerfrische«, zur Behandlung von Migräne, Neurosen oder Herz-, Magen- und Leberleiden. Nicht zu vergessen zur Therapie von Suchterkrankungen. Eine vollbelegte Klinik bedeutete gleichzeitig volle Kassen, die den Einsatz visionärer Heilmethoden wie Hypnose und Elektrobädern ermöglichten. Aus ungeklärten persönlichen Differenzen gingen Wiedeburg und Schulze ab 1908 geschäftlich wie privat jedoch getrennte Wege. Während Wiedeburg das Schwarzeck weiterführte, eröffnete Schulze wenig später sein eigenes Kurhaus »Am Goldberg«. Es lag auf der gleichnamigen Anhöhe in Bad Blankenburg und damit immer im Blick von Wiedeburg – eine Enttäuschung, die Wiedeburg Zeit seines Lebens nicht verkraftete. Ob seine Seele deshalb keine Ruhe findet und bis heute hier umherstreift?

Friedhof der Slotmatchines: Die Disco »Fantasy« beherbergte eine eigene Spielothek.

LABYRINTH Ein Schritt ins Schwarzeck und alles ist … schwarz. Die Fenster im Erdgeschoss sind vernagelt. Gewiss eine Sicherheitsmaßnahme, letztlich aber genau das, was ein Gefühl von Unbehagen auslöst. Mit der Zeit gewöhnen sich die Augen jedoch an die Dunkelheit. Tapete hängt in Fetzen von den Wänden, der Putz rieselt hinab. Es ist stickig und bedrückend. Ich stehe in einem Labyrinth aus Treppen, Gängen und insgesamt 280 Zimmern. Alles ist so weitläufig, dass man sich nur allzu leicht verirren kann. Unter den Füßen knirscht und knackt es. Im ersten Stockwerk zeigt sich ein Bild von Gegensätzen: Während manche Räume wie der große Saal recht gut erhalten sind und ein Bild der besseren Tage dieses Etablissements abgeben, sind andere gänzlich zerstört und voller Schutt. Pflanzen wachsen durch kaputte Fenster hinein. In manchen schwingt immer noch der Geist des Sozialismus mit: Relikte jener Zeit, als in Schwarzeck Genossinnen und Genossen auf ihre Führungsrollen im Arbeiter- und Bauernstaat vorbereitet wurden. Poster und Plakate, Lehrbücher und leere Worthülsen schwirren durch die früheren Schulungsräume. In manchen sind die Decken eingestürzt. Manch ein Raum war durch eine Scheibe vom Nachbarzimmer getrennt. Ob das damals wohl von beiden Seiten der Wand ersichtlich war?

KATERSTIMMUNG Weiter hoch geht es in die Spielhalle – oder doch eher Spielhölle? In

Die Stufen des Turmaufgangs sind morsch, sie dürfen nicht mehr betreten werden.

dunklen Räumen stehen dicht an dicht dick eingestaubte Automaten. Dazwischen liegen Scherben und Tausende der Lochstempelkarten, mit denen Menschen zu unbeschwertem Getränkekonsum hier und in der dazugehörigen Disco »Fantasy« verleitet werden sollten. In den 1990er-Jahren wurde dort gefeiert, getanzt und getrunken – die Spuren dieser Exzesse hängen den Räumlichkeiten wie ein niemals enden wollender Kater bis heute nach.

VERWANDLUNG Im Erdgeschoss versteckt sich ein besonderer Schatz: ein offener Marmorkamin, der bis heute überdauert hat. Hier soll sich Marc Chagall, seines Zeichens jüdischer Künstler, besonders gern aufgehalten haben, wenn er im Schwarzeck verweilte. Ob er wohl – vor der Machtergreifung der Nazis – auch mal gemeinsam mit Hermann Göring davor saß? Beim Kaminzimmer soll es sich nämlich genauso um den Lieblingsplatz des Naziverbrechers gehandelt haben. Aufgrund seiner anhaltenden Morphiumsucht habe er nämlich immer wieder Hilfe bei Dr. Wiedeburg gesucht. Nach 1933 war es Chagall und den vielen anderen jüdischen Kurgästen nicht mehr möglich, Schwarzeck aufzusuchen. Wiedeburg und das Sanatorium gerieten in Bedrängnis. Horrende laufende Kosten, wenige Besucher und großes Interesse der Nationalsozialisten am Objekt. Doch Wiedeburg war Arzt mit Leib und Seele – ein Verkauf des Sanatoriums wäre für ihn wohl nicht infrage gekommen. So ist es nicht verwunderlich, dass der Tod Wiedeburgs 1935 Spekulatio-

Scheiben gaben den Blick in Räume der Parteischule frei – das Dach heute auch.

Die große Fensterfront im Speisesaal eröffnet den Blick über die Wälder.

nen aufwirft. Offizielle Ursache: ein Wespenstich. Zeugen gab es jedoch keine. Dass das Schwarzeck kurze Zeit später doch noch in Nazi-Hände fiel, lässt klare Zweifel an der Glaubwürdigkeit der Geschichte aufkommen. Dass aus der Kurklinik in kürzester Zeit eine Fliegerschule der Nationalsozialisten wurde, kann nicht im Sinne des Mediziners gewesen sein.

DER GEIST DER VERGANGENHEIT Immer wieder berichten Besucher von mysteriösen Vorkommnissen. So wollen sie Schreie gehört haben und schwere Stiefel, die über den Boden stampften. Kältepunkte, Ausschläge auf Geigerzählern und Hinweise von sogenannten »Ghostboxen«, über die Energien aus dem Jenseits in Sprache gewandelt werden können – für Geisterjäger ist das Schwarzeck ein Paradies. Bis heute soll der Geist von Dr. Wiedeburg durch diese verwinkelten Flure streifen. Immer noch enttäuscht vom Verrat seines Kompagnons. Wütend über den Missbrauch seines Vermächtnisses. Erschüttert über den Zustand, in dem sich sein Sanatorium heute, nach gut 20 Jahren Leerstand und Verfall, befindet.

Das besondere Erlebnis

Die TLC Deutschland-Produktion »Nightwatch – Jenseits der Angst« ging 2022 auf die Suche nach paranormalen Aktivitäten im Schwarzeck. In der Folge »Der Fluch des Arztes« können Neugierige einen Blick ins ehemalige Sanatorium werfen.

13

IM TODESSTREIFEN

Der jüdische Friedhof Berkach

Sie sollten hier in Frieden ruhen, die Seelen der jüdischen Bewohner Berkachs. Ruhe fanden sie auch, nur Frieden war lange schwierig. Stattdessen wurden sie stille Zeugen bewegter deutscher Geschichte.

Berkach, Gemeinde Grabfeld, Landkreis Schmalkalden-Meiningen **Ort** Jüdischer Friedhof, östlich der alten Behrunger Landstraße, 98631 Berkach, Grabfeld **GPS** 50.431438, 10.404312 **Anfahrt** Nur mit dem Auto erreichbar, z. B. über die A71, bis Ausfahrt Rentwertshausen Richtung Rentwertshausen/Behrungen/Römhild fahren, dann die L2627, Rathausstraße und K2567 bis Mühlfelder Straße nehmen

Friedhöfe werden im Judentum als *Ort des Lebens* oder *Ort der Ewigkeit* gesehen.

Am Sabbat (Samstag) bleiben jüdische Friedhöfe meist geschlossen.

LETZTE RUHESTÄTTE Wanderwege, Wiesen und Felder hinter einem verschlafenen kleinen Dorf, in dem sich an kalten Wintertagen niemand so recht vor die Tür wagt, der es nicht muss. Die Erde auf dem Feldweg knirscht unter den Füßen. Die Temperaturen liegen um den Gefrierpunkt, sodass alles von einer dünnen weißen Decke aus Frost überzogen ist. Das Dorf liegt nur wenige 100 Meter von hier. Trotzdem macht ein trüber, grauer Himmel das Bild der Einsamkeit an diesem Ort perfekt. Einzig die Autobahn, über die man in der Ferne Autos sausen hört, unterbricht die Stille. Aber diese Geräusche kommen nur wie ein leises Flüstern an. Das ist auch gut so, schließlich findet sich hier am Ortsrand die letzte Ruhestätte früherer jüdischer Bewohner von Berkach. Tore, die mit Davidsternen geschmückt sind, öffnen sich leise quietschend. Anfang der 1990er-Jahre hat man sie montiert, nachdem ihre Vorgänger aus den Angeln fielen. Auch die 145 verbliebenen Grabsteine richtete man wieder auf. Das gewachsene Dickicht wurde entfernt und die Integrität des Jüdischen Friedhofs so gut es ging wiederhergestellt.

TRÜGERISCHE IDYLLE Hinter den Toren verbergen sich acht Reihen von Gräbern, die bis in die Mitte des 19. Jahrhunderts zurückdatieren. Um 1825 muss der Friedhof entstanden sein, zu einer Zeit, als Juden und Jüdinnen mit 170 Bewohnern etwa ein Drittel der Berkacher Dorfbevölkerung ausmachten. Die frühen, moosbewachsenen Grabsteine sind ausschließlich auf Hebräisch beschriftet, erst ab 1855 finden sich auf den Rückseiten auch zunehmend deutschsprachige Inschriften zu den Verstorbenen – ein Zeichen der Beheimatung? Während ich mich so umsehe, schlagen die Kirchenglocken zur vollen Stunde und lassen mich zusammenzucken. Auffällig ist, wie viel Platz gelassen wurde. Weit über die Hälfte der Friedhofsfläche ist leer. In der Hochphase jüdischer Kultur und Ansiedlung in der Region, hätte sich wohl

↑ Jüdische Gräber dürfen nicht eingeebnet werden, sie sollen ewig bestehen.
↗ Alte Grabsteine tragen nur hebräische Inschriften, neuere auch deutsche.

niemand vorstellen können, dieses Dorfidyll wieder zu verlassen. Geschweige denn, dass es in Berkach einmal keine jüdische Gemeinde mehr geben würde. Schließlich lebte man hier Seite an Seite mit den christlichen Mitmenschen. Selbst Synagoge und Kirche stehen in unmittelbarer Nähe und Sichtweite zueinander. Ab der zweiten Hälfte des 19. Jahrhunderts zog es dennoch immer mehr der Dorfbewohner in die Städte, die Zahl der ortsansässigen Juden und Jüdinnen sank auf gerade einmal 28 in den 1920er-Jahren. Aus dieser Zeit stammen auch die letzten Grabsteine auf dem Friedhof. Mit der Machtergreifung der Nationalsozialisten wurde das Leben auch in Berkach schwer – jüdische Geschäfte, Häuser und letztlich der Friedhof fielen der Pogromnacht 1938 zum Opfer.

TODESSTREIFEN Seither hat sich niemand mehr richtig um diesen Ort gekümmert. Themen wie das Verschwinden der jüdischen Nachbarn und die Verbrechen der Nationalsozialisten waren etwas, über das man zu DDR-Zeiten nicht sprach. So geriet der Jüdische Friedhof abseits des Dorfes immer mehr ins Hintertreffen. Erst recht, als ab Sommer 1961 die deutsch-deutsche Grenze genau hier verlief. Plötzlich lag die Ruhestätte direkt vor dem Signalzaun der Grenzanlagen – und damit mitten im Sperrgebiet. Zutritt streng verboten. Die Kirchturmspitze des nur 500 Meter entfernten Sondheims war zwar für alle sichtbar, aber für niemanden mehr erreichbar. Denn der Kirchturm befand sich in Bayern. Dazwischen: der Wachturm der Grenzsoldaten, die von hier die weiten Felder stets bestens im Blick hatten und bereit waren, diese zu verteidigen.

AUFERSTANDEN Erst nach der Wende kam dieser Abschnitt wieder auf den Plan. In Berkach begann man mit der Restauration und Aufarbeitung der jüdischen Geschichte des Ortes. Im Lauf der Zeit fanden immer mehr Nachfahren der einstigen jüdischen Bewohner ihren Weg hierher. Sie warfen Fragen auf, brachten ihre Geschichten mit. Sie waren wie die Teile eines großen Puzzles – nach und nach fügte sich alles zu einem Bild zusammen. Über viele Jahre arbeiteten die Berkacher daran, die jüdischen Stätten wiederaufleben zu lassen. Mit Erfolg: Heute erstrahlt z. B. die Synagoge in ihrem alten Glanz, nachdem sie zu DDR-Zeiten als Lagerraum genutzt wurde. Nur Gottesdienste, die finden hier selten statt. Denn jüdisches Leben, das gibt es hier bis heute nicht mehr.

Das besondere Erlebnis

Das Jüdische Ensemble in Berkach ist in seinem Zustand und seinem Umfang einzigartig in Thüringen: Synagoge, Schule, Mikwe und Friedhof finden sich bis heute im Ort verteilt. Es wurde ein Förderverein gegründet, der um ihren Erhalt kämpft. Besonders engagiert: Gundula Bach. Seit die Synagoge 1991 wieder eingeweiht wurde, hilft sie Besuchern dabei, die richtigen Fragen zu stellen und Antworten zu finden. Sie führt Interessierte zu den jüdischen Kulturstätten und ermöglicht ihnen einen Einblick in die Zeit, als es in Berkach noch aktives jüdisches Leben gab (Info: www.juedisches-ensemble-berkach.franco-judaicum.org).

Man legt keine Blumen, sondern einen kleinen Stein auf das besuchte Grab.

Das heruntergekommene Wirtschaftsgebäude begrüßt Besucher am Wegesrand.

14

IHR KINDERLEIN KOMMET

Kinderheim Hilde Coppi

Puppen, Clowns und Co. – in Kinderzimmern gibt es so einiges, was Menschen das Fürchten lehrt. Wenn sich die Zimmer auch noch in einem verlassenen Kinderheim befinden, ist der Gruselfaktor garantiert.

Schleusingen, Landkreis Hildburghausen **Ort** Kurhausstraße 15, 98553 Schleusingen **GPS** 50.517136, 10.750641 **Anfahrt** Mit der Bahn nach Suhl (RE Suhl-Schleusingen) und weiter mit dem Bus bis EKZ-Schleusingen oder mit dem Auto über die A73 bis Ausfahrt Schleusingen/Masserberg/Hildburghausen/Themar fahren, dann der Ilmenauer Straße bis Kurhausstraße folgen

ABENTEUERSPIELPLATZ Vorbei am Kinderspielplatz eines Fast-Food-Giganten in Richtung einer Waldsiedlung liegt das frühere Heim. Umgeben ist es von verwilderten Sträuchern, bedeckt von Herbstlaub. Die Fenster sind zerstört. Das Dach eingestürzt. Schon aus sicherer Distanz wirkt das am Wegesrand liegende, ehemalige Wirtschaftsgebäude gespenstisch. Das ist jedoch nichts im Vergleich zum restlichen Komplex, der sich hinter diesem Bau verbirgt. Einmal um die Ecke herum verläuft ein schmaler Pfad hinter das Haus. Er verbindet die riesig scheinenden Bauten miteinander. Hier hat schon länger niemand mehr für Ordnung gesorgt. Denn die Natur hat längst begonnen, sich dieses Fleckchen zurückzuerobern. Überall wachsen Bäume und Sträucher, die ihren Schatten auf den Weg werfen. Durch die vielen offenen Türen wirkt es, als wollte der einsturzgefährdete Bau sein nächstes Opfer hineinbitten. Bereits 2012 fanden Spaziergänger etwas oberhalb des Grundstücks eine Leiche.

DAS ETWAS ANDERE KINDERHEIM Viel mehr als ein paar Eckdaten ist jedoch nicht bekannt über das Heim in Schleusingen: Der erste Bau stammt aus dem Jahr 1892. Schon knapp 30 Jahre nach der Eröffnung als Anstalt für Taubstumme wurde er um zwei weitere Gebäude ergänzt. Nach dem Zweiten Weltkrieg wurde er als Kinderheim genutzt und war fortan unter seinem heutigen Namen bekannt: Kinderheim Hilde Coppi. Die NS-Widerstandskämpferin gebar ihr erstes Kind in Haft. Nur kurze Zeit später fällten die Nazis ihr Todesurteil – durch Enthauptung. Das schlimmste daran sei für sie aber nicht die Angst, das Ende ihres Lebens oder der verlorene Widerstand gegen das NS-Regime. Die schlimmste Strafe sei für sie der Gedanke an die Trennung von ihrem Kind

↓ Die Statue an der Hausecke zeigt eine Frau mit vor sich stehendem Kind.

↘ Vorsicht: Die Gebäude sind inzwischen stark einsturzgefährdet.

Die Wege über die Anlage gleichen einem verwunschenen Garten.

gewesen, wie in einem Brief an ihre Mutter gestanden haben soll. Wie passend, dass genau dieses Kinderheim in Schleusingen den Namen der Berlinerin trägt. Denn während zu DDR-Zeiten die wenigsten Heimkinder Kontakt zu ihren Familien pflegen durften, soll es hier anders ausgesehen haben. Ob regelmäßige Besuche der Eltern, Geburtstagsfeiern oder die Teilnahme an Ferienlagern – das sei hier gang und gäbe gewesen. Andere hingegen erheben Anschuldigungen von Psychoterror, Misshandlungen und Experimenten.

ERNEUTER WIDERSTAND 1994 schloss das Heim endgültig seine Pforten. Anschließend habe es mehrfach gebrannt und das Areal sei starkem Vandalismus zum Opfer gefallen. Kein Wunder also, dass die hiesigen Anwohner, die hinter einer Reihe kahler Bäume leben, den Ruf haben, mit Eindringlingen recht unbarmherzig umzugehen. Schlagzeilen machte das Kinderheim auch 2014 wieder – also 20 Jahre nach seiner Schließung. Denn ausgerechnet hier, in die nach der Widerstandskämpferin benannte Anstalt, wollten damals Rechtsradikale einziehen. Doch die Stadtverwaltung schob dem Ganzen einen Riegel vor und machte von ihrem Vorkaufsrecht Gebrauch. Seither hoffe man auf einen neuen Investor, Mieter oder Pächter, heißt es. Angesichts der einsturzgefährdeten Bauten ist das jedoch unwahrscheinlich.

Das besondere Erlebnis

Auch in Gethles, einem Ortsteil von Schleusingen, geht es mysteriös zu, wenn Geister und Dämonen durch die Straßen ziehen. Warum sich die Kinder hier als Mutprobe einfach entführen lassen, lesen Sie in Kapitel 22.

15

ZU GAST BEI ULBRICHT

Das Gästehaus des DDR-Ministerrates

Eine Ausstattung vom Allerfeinsten. Materialien, von denen Bürger nicht zu träumen wagten. Hochrangige Parteifunktionäre, die sich im Thüringer Wald eine kleine Auszeit gönnten. Das alles war einmal. Heute sind das Gästehaus und der Staat, dem es diente, Geschichte.

Oberhof, Landkreis Schmalkalden-Meiningen **Ort** Tambacher Str. 31, 98559 Oberhof **GPS** 50.706865, 10.708051 **Anfahrt** Mit dem Bus z. B. bis Busbahnhof Oberhof und etwa 30 Minuten Fußmarsch oder mit dem Auto über die A71 bis Ausfahrt Oberhof, weiter in Richtung Heinrich-Erhardt-Straße, dann der L3247 bis zum Ziel folgen

Selbst die Nobelherberge der Partei entstand in Plattenbau-Manier.

GESPRUNGENE PLATTE Auf rund 900 Metern Höhe ist es kalt. Temperaturen nur knapp über dem Gefrierpunkt, gepaart mit eisigen Winden. Oberhof im Spätherbst ist nicht nur ungemütlich, sondern auch ziemlich unheimlich. Außerhalb der Touristensaison ist hier nämlich kaum etwas los. Der Berg versinkt in dicken Nebelschwaden, als ich mich am Morgen auf den Weg mache. In einer Kurve führt eine Abzweigung in den Wald hinauf. Zuerst geht es vorbei an der früheren Unterkunft der Bediensteten. Nach wenigen Metern erscheint die Freitreppe, hinter ihr die Ruine, die mich herführt. Erstmal ist sie nichts weiter als ein grauer Klotz. Und abgesehen von seiner Größe ist der ziemlich unscheinbar. Türen und Fenster gibt es keine mehr. Große Teile des Dachstuhls fielen Anfang der 2000er-Jahre Brandstiftung zum Opfer. Bauschutt und Backsteine zieren den Außenbereich des Anwesens mitten im Wald. Wüsste man es nicht besser, würde wohl kaum jemand vermuten, dass sich hinter diesen Mauern von Ende 1966 bis 1990 eine der nobelsten Adressen der DDR verbarg.

Diese Räume nannte Walter Ulbricht sein Zuhause, wenn er in Oberhof residierte.

ERLEUCHTUNG Schon lange zuvor hatte sich der mächtigste Mann der DDR in die Oberhofer Landschaft und den Thüringer Wald verliebt. Das Grundstück, auf dem das Gästehaus steht? Entspricht einer Anordnung Walter Ulbrichts höchstpersönlich. Genau diesen Ort wollte der Staatsratsvorsitzende für sein Prestigeobjekt. Von hier aus lag ihm nicht nur sein ganzes Land zu Füßen. Auch der ungestörte Blick in den Wald und die Möglichkeit, vom Haus direkt auf die Skipiste zu gelangen, hatten es ihm angetan. Selbstverständlich fanden diese Aspekte 1963 auch ihren Weg in die Gestaltung des Hauses. Die Schönheit des Winter-Wunderlands draußen sollte sich auch im Inneren widerspiegeln. Um für die Architekten einen reibungslosen Ablauf bei der Beschaffung der Materialien sicherzustellen, stufte man das Gästehaus kurzerhand als »Projekt der Landesverteidigung« ein. Damit konnten sie aus dem Vollen schöpfen – und das taten sie auch. Die gute Ware, die man in der DDR produzierte, sei sonst fast vollständig ins Ausland exportiert worden, erklärte der damals zuständige Architekt Erhardt Simon gegenüber dem MDR. Für Ulbrichts Traumschloss habe man aber ohne Zögern alle notwendigen Mittel erhalten. Das galt zum Beispiel für die 2500 Glasprismen aus Lauscha, die an Eiszapfen erinnern sollten. Am Geländer der Freitreppe im Vestibül und dem prunkvollen Lüster sorgten sie für stimmungsvolle Lichteffekte. Heute ist das Ge-

↑ Große Fensterfronten sollten die Schönheit der Natur im Thüringer Wald betonen.
↗ Luxus: Die beheizbare Freitreppe blieb auch im tiefsten Winter eisfrei.

länder verschwunden, vom Lüster existiert nur noch ein rostiges Gestell. Den Eingang zierten bronzene Doppeltüren mit Wintermotiv. Doch auch von ihnen fehlt seit Jahren jede Spur, bedauert Lukas Witzmann. Der Hobby-Forscher hat es sich zum Ziel gesetzt, das Vermächtnis des Gästehauses am Leben zu halten. Besonders der technischen Ausstattung widmet er seine Aufmerksamkeit. »Das Gelände konnte nahezu autark agieren. Zwei starke Trafos versorgten es mit Strom«, erzählt Witzmann. Zusätzliche Notstromgeräte stellten die Versorgung im Fall eines Stromausfalls sicher. »Selbst wenn in ganz Oberhof die Lichter ausgingen, hier oben merkte man davon nichts.«

GESCHLOSSENE GESELLSCHAFT Beheizte Wände und Böden im ganzen Haus, versenkbare Trennwände im Erdgeschoss, sogar die Freitreppe im Außenbereich ließ sich erwärmen – die Nobelherberge der Parteikader übertraf Ende der 1960er-Jahre selbst viele westliche Einrichtungen. Im Ort gab es entsprechend die wildesten Spekulationen über Ausstattung und Luxus im Gästehaus. Schließlich konnte sich kaum jemand selbst ein Bild von den Umständen hier machen. Goldene Wasserhähne oder ein Schwimmbad, wie von vielen Oberhofern vermutet, gab es allerdings nicht. Auch vom restlichen Prunk im Plattenbau ist heute nichts mehr übrig. Alles, was nicht niet- und nagelfest war, wurde in den Jahren des Leerstands seit 1994 geplündert. Selbst niet- und nagelfeste Dinge verschwanden – wie die Bronzetür von 3,5 Tonnen. Im Gebäudeinneren liegt inzwischen alles in Schutt und Asche. Bei je-

Fehlende Dachstücke lassen den Blick in den Anbau zu, der die Küche beherbergte.

dem Schritt knirscht es unter den Füßen. Aus den Wänden gucken Heizdrähte. Überall tropft Wasser herein. Vor 1990 waren diese Gänge nur auserwählten Gästen, streng kontrolliertem Personal und der Stasi vorbehalten. Seither haben Verfall und Vandalismus Einzug gehalten. Damals oberstes Credo: Um jeden Preis verhindern, dass Informationen nach außen – oder gar an den Klassenfeind – dringen. Dennoch wollte man nicht den Eindruck erwecken, dass es hier besonders viel Schützenswertes gäbe. Wenn nicht gerade die »Große Belegung« mit Ulbricht und Co. anstand, war die einzige Sicherheitsmaßnahme eine Polizeistation auf dem Gelände. Nicht einmal hohe Mauern umgaben das Areal – nur ein hüfthoher Jägerzaun zeigte die Grundstücksgrenze an.

SKI HEIL Dieser Jägerzaun habe Ulbricht auch einigen Freiraum eröffnet, erinnert sich Günter Griebel, früherer Chefkoch des Gästeheims, gegenüber dem MDR. Ein Vorfall blieb ihm ganz besonders im Gedächtnis. Als begeisterter Wintersportler sei der Staatsratsvorsitzende seinen Begleitern von der Staatssicherheit im wahrsten Sinn davongefahren. Der Besuch aus Berlin habe sich kaum auf den Skiern halten können – und Ulbricht sei daraufhin ins Tal hinab gesaust zur früheren MITROPA-Gaststätte am alten Bahnhof. Während unter seinen Begleitern Panik ausgebrochen sei, habe sich »der Chef«, wie er selbst von seiner Frau Lotte genannt wurde, am Bahnhof ein, zwei Gläser leckeren Grog gegönnt. Bei Günter Griebel habe irgendwann das Telefon geklingelt. In der Leitung? Sein Kollege aus der MITROPA, der die deutliche Anweisung Ulbrichts weitergab: »Sie sollen mich in einer halben Stunde abholen. [Griebel] soll das aber erst in einer halben Stunde sagen, sonst stehen die gleich wieder auf der Matte.«

»KURORT DER WERKTÄTIGEN« Seine Liebe zum Wintersport und zu Oberhof hatte Walter Ulbricht schon früh erkannt. Als er aber 1949 gleichzeitig mit tausenden Touristen zu den Winterspielen anreiste, verstand er zudem das große Propagandapotenzial von Skisprung und Co. – eine Erkenntnis, die vielen Oberhofern zum Verhängnis wurde. 1950 beschloss er, den Ort im Thüringer Wald zum Wintersportzentrum der DDR auszubauen, um sowohl innen- als auch außenpolitische Stärke zu demonstrieren. Dafür traf er eine folgenschwere Entscheidung: Am 13. November 1950 wurden die Hoteliers des Luftkurorts entschädigungslos enteignet. Ohne Vorwarnung standen Beamte vor ihren Türen, gaben ihnen zwei Stunden Zeit, das Nötigste einzupacken. Dann verlud man sie wie Vieh auf die Lkw und transportierte sie ab. Die Begründung: Sie alle seien »Spekulanten«, »Wirtschaftsverbrecher« oder »Gegner der DDR« – dafür reichte schon der Kontakt zu westlichen Reisebüros. Weit entfernt von ihrem Zuhause, fanden sich die betroffenen Familien in fremden Wohnungen wieder. Ihrem Heimatort und dem früheren Eigentum durften sie sich fortan nicht mehr nähern. Erst nach der Wende konnten sich einige der 50 betroffenen Familien ihren früheren Besitz zurückholen.

»EINEN FREUNDSCHAFTLICHEN GRUSS« entrichtete Ulbricht in seinen Neujahrsansprachen, die vor wunderbarem Winterpanorama aus dem Vestibül des Oberhofer Gästehauses aufgenommen wurden. Allein war er dabei nie: Zu den Silvesterfeierlichkeiten

»Parteivögel«: Graffiti-Künstler karikierten im Dachstuhl wohl frühere Besucher.

↑ Pro Stockwerk gab es einen Technikraum, dessen Ausstattung es nie zu kaufen gab.
↗ Schutt und die Überreste der repräsentativen Treppe im Vestibül

erschienen alle hochrangigen Parteikader. Nach dem Sturz Walter Ulbrichts sank die Auslastung zusehends. Erich Honecker ließ sich nach seiner Machtergreifung gar nicht mehr hier blicken. Hendrik Robel, dessen Vater das Gästehaus bis zur Wende leitete, erinnert sich: »Honecker wusste, das Gästehaus war das Baby von Walter Ulbricht. Anfang 1973 gab es sogar Überlegungen, das Gästeheim in ein Interhotel umzuwandeln.« Ganz so freundschaftlich, wie es die Genossen der Bevölkerung weis machen wollten, war ihr Verhältnis am Ende nämlich nicht. Aus den breiten Öffnungsplänen Honeckers wurde nach Widerspruch aus Berlin nichts. Erst 1990 öffneten sich die Türen für den Hotelbetrieb und schlossen sich innerhalb kürzester Zeit für immer – zumindest, solange das Haus noch über eine Tür verfügte.

Das besondere Erlebnis

Die Hobby-Historiker und Heimatforscher Robel und Witzmann arbeiten gemeinsam mit Christian Neumann aus Berlin an einem virtuellen Modell, das den Lost Place auch zukünftig begehbar machen soll. Fundstücke aus dem Haus fließen genauso ein wie eigene Erinnerungen und die Ergebnisse jahrelanger Recherchen. Eine virtuelle Rekonstruktion des Gästehauses ist auf YouTube abrufbar: https://bit.ly/3HC1gUl.
Zwar soll in den nächsten Jahren auf dem Gelände ein Bio-Hotel entstehen. Zum Zeitpunkt der Recherchen ist das Gästehaus jedoch noch auf Anfrage beim neuen Besitzer zugänglich (Info: www.ostara-oberhof.de).

Der alte Milchhof wird jetzt zur Logistik- und Gewerbefläche.

16

VERGOSSENE MILCH

Der alte Milchhof Gera

1995 nahm man die letzte Lieferung entgegen. Seither steht die Produktion still. Zur Ruhe kommt das Gelände dennoch nicht. Immer wieder macht der Milchhof Schlagzeilen – wenn sich wieder einmal Unbefugte Zutritt verschafft und Brände verursacht haben.

Gera, Thüringen **Ort** Siemensstraße/Weg der Freundschaft, Gera **GPS** 50.901784, 12.069377 **Anfahrt** Mit der Bahn nach Gera (IC/RE-Strecken) und mit der Tram zur Dualen Hochschule oder mit dem Auto über die A4 bis zur Ausfahrt Gera-Langenberg/Gera-Zentrum, Schildern in Richtung B92 Richtung Schleiz bis zum Ziel folgen

DIE MILCH IST AUS Neugier und Selbstüberschätzung sorgen regelmäßig für Großaufgebote der Einsatzkräfte. So kam es auf dem Gelände der Molkerei mehrfach zu Feuern, bei denen Lagerhallen abbrannten und teilweise einstürzten. Eine davon stand neben dem ehemaligen Verwaltungsgebäude. Nach einem Großbrand in der Silvesternacht 2016/17 blieben jedoch nur noch verrostete und verbogene Stahlträger und ein eingestürztes Wellblechdach übrig. Vor dem Komplex, der direkt an die vierspurige Siemensstraße grenzt, gedeihten Gräser und Sträucher prächtig. Um die Pflege des Areals bemühte sich lange niemand mehr. Die Gewächse wucherten bereits so hoch, dass einige Gebäudeteile dahinter verschwanden. Dahinter stand unübersehbar das Verwaltungsgebäude des ehemaligen VEB Milchhof Gera. Der hohe Bau mit seinen Fensterfronten und türkisfarbener Verkleidung hatte trotz zerschlagener Scheiben und Schmierereien seinen Wiedererkennungswert nicht eingebüßt.

MILCHMÄDCHENRECHNUNG Vom markanten Schriftzug, der einst ein tolles Fotomotiv abgab, zeugten Anfang 2022 nur noch Halterungen aus Metall. Von den einzelnen Buchstaben, die über der Mauer aus Glasbausteinen fixiert waren, gibt es keine Spur mehr. In der Molkerei Gera wurden seit 1938 die Milchprodukte der Marke Osterland hergestellt. Als 1949 der Milchhof wie so viele andere in einen VEB umgewandelt wurde, verschwanden Marke und Design in der Versenkung – bis 1991. Die Osterland kehrte zurück und nahm zunächst einige Umbau- und Sanierungsmaßnahmen auf dem Gelände vor. Ein Zusammenschluss mit dem Westthüringer Milchwerk Erfurt zur Milchwerke Thüringen GmbH im Jahr 1993 besiegelte jedoch auch erneut das Aus für die Anlagen in Gera. Die Produktion zog ins gut 75 Kilometer entfernte Erfurt um. 1995 – nur vier Jahre nach der Sanierung – wurde die Produktion am Milchhof Gera schließlich komplett eingestellt.

AUSGEMOLKEN Seitlich führt der Weg der Freundschaft bzw. die Industriestraße am Grundstück vorbei und offenbarte die Größe dieses ehemaligen Lost Places. Vier Hektar umfasst das gesamte Areal. Vor dem Abriss des Milchhofes waren das vier Hektar voller Lager- und Produktionshallen, ehemaliger Büroräume und Entdeckungen. Trotz der damals schon akuten Einsturzgefahr der Gebäude kletterten Abenteuerlustige 2021 auf dem Dach der Molkerei herum – und lösten damit einen größeren Polizeieinsatz aus. Denn nach Vandalismus und Brandstiftung richtete sich viel Aufmerksamkeit auf den alten Milchhof, und die Nachbarn wurden achtsamer, alarmierten bei Verdacht die Ordnungshüter. Diesen Lost Place gibt es inzwischen nicht mehr. Seit 2023 gehört das Areal einer Firma aus Hamburg, die hier ein Logistikzentrum baut.

Das besondere Erlebnis

Ähnlich erging es dem VEB Werk für Technisches Glas Ilmenau. 1969 wurden die Glasproduzenten der Stadt zu einem Kombinat verschmolzen. Nach der Wende folgten Privatisierung und Besitzerwechsel, 2014 schließlich die Insolvenz.

So soll das Gelände des ehemaligen Milchhofes in Zukunft aussehen.

17

AUS DEM RENNEN

Spießbergbahn Friedrichroda

Versteckt im Thüringer Wald liegt sie: die Wiege des deutschen Bobsports. Auf ihre(n) Kurven sind früher alle abgefahren. Vor gut vier Jahrzehnten geriet sie erst unter die Räder und dann in Vergessenheit.

Friedrichroda, Landkreis Gotha **Ort** Zur Wacht 3-4, 99894 Friedrichroda **GPS** 50.830438, 10.545438 **Anfahrt** Mit der Bahn nach Gotha (ICE/RE-Strecke), weiter mit der Tram bis Reinhardsbrunn und dem Bus bis Friedrichroda oder mit dem Auto über die A4, Ausfahrt Waltershausen nehmen und der Landstraße bis zum Rennsteig folgen

Zwei der ehemals 18 Kurven der legendären Spießbergbahn – auf Eis gelegt.

↑ Sitzen gelassen wurden diese zwei Stühle am Messpunkt entlang der Bahn.
↗ Wimpel und Plakette einer Weltmeisterschaft, die niemals stattfand.

»GUT RUNST« So lautet der Gruß, mit dem man sich entlang des Rennsteigs, Deutschlands wohl bekanntestem Wanderweg, begegnet. Neben Sagen von Riesen und Hexen findet sich hier auch der ein oder andere Ort, der Wintersportgeschichte schrieb – einer davon ist Friedrichroda. Carl Benzing, seines Zeichens Textilfabrikant, machte Anfang des 20. Jahrhunderts bei einem Besuch in der Schweiz erstmals Bekanntschaft mit dem Bobsport. Sofort Feuer und Flamme für die eisige Angelegenheit, brachte er die damals noch junge Wintersportart in seinen Heimatort – ein Souvenir der etwas anderen Art. Auch der Herzog ließ sich vom Enthusiasmus Benzings anstecken und bewilligte den Bau einer Bobbahn in Friedrichroda. Zwischen 1910 und 1971 sausten danach unzählige Rennrodel- und Bobschlitten die insgesamt 2450 Meter lange Natureisbahn hinab. Sogar Norbert Loch, heutiger Rennrodel-Bundestrainer, begann hier seine Karriere. Als jedoch das Thüringer Wintersportzentrum Oberhof Anfang der 1970er-Jahre mit seiner modernen, künstlich vereisbaren Bahn an den Start ging, bedeutete dies das Aus für die Spießbergbahn. Während ihr unterer Abschnitt in den 1980er-Jahren modernisiert und mit neuem Start versehen wurde, liegen die oberen 1000 Meter der Strecke seither sprichwörtlich auf Eis.

IM EISKANAL Bereits der Weg zur Bahn entpuppt sich als Schlitterpartie. Auf den Zweigen und letzten übrig gebliebenen Blättern glitzert Frost. Eine zentimeterdicke Schicht aus Schnee und Eis erschwert die eigentlich leichte Rennsteigwanderung erheblich. Zwischen den Bäumen hängen dicke Nebelschwaden, die die Sicht versperren und der Szene einen unheimlichen Touch geben. Glücklicherweise führt die Straße geradewegs zum Spießberghaus, von wo aus man das ehemalige Starthäuschen der Bobbahn schon erahnen kann. Eine kleine Hütte, die sich aufgrund ihrer gelblichen Holzwände kontrastreich vom schneebedeckten Waldboden abhebt. Eine kleine Böschung hinuntergerutscht, stehe ich schon direkt vor ihr. Die jahrzehntelange Vernachlässigung sieht man ihr deutlich an. Eine fehlende Deckenverkleidung offenbart innenliegende

Immer bereit: Schilder der letzten Rennen warten auf erneuten Einsatz.

Spanplatten, unter abgeblättertem Lack gedeihen Moos und Schimmel prächtig. Die Tür ist leider verschlossen, die Fenster sind vernagelt. Links daneben wird es jedoch spannend, denn hier ist der Einstieg ins eigentliche Abenteuer. Rein in die Spießbergbahn und den Berg hinunter durch ihre ehemals 18 Kurven. Zumindest früher konnten sich die Wettkampfteilnehmer über diesen Adrenalinkick freuen. Heute gilt es, dieses Stück der Strecke nur noch vorsichtigen Schrittes zu erkunden. Denn nach gut 40 Jahren Verfall ist die ehemalige Fahrrinne nicht nur von Schnee und Eis, sondern auch von Erde und Wurzelwerk bedeckt. Die Wände sind moosbewachsen, aus den Mauern ragen rostige Metallnägel. Die Bahn ist eng umschlungen von Nadelbäumen, die zum Teil bis tief in die Kurven hineinragen. Zwischen ihnen steht der Nebel und taucht das Bild in eine gespenstische Stimmung. Da wirkt der Pfotenabdruck eines Hundes schnell mal wie die Spur eines umherziehenden Wolfes.

DER SCHWARZE PETER Den schoben sich die Sportler früher untereinander zu – denn so hatte Carl Benzing seinen ersten offenen Fünferbob getauft. Dabei soll es sich um den ersten deutschen Fünferbob überhaupt gehandelt haben. Ob er auch beim ersten offiziellen Rennen im Winter 1901/02 für Friedrichroda an den Start ging, ist allerdings unklar. Vor dem Bau der Spießbergbahn schoben die Sportler ihren Schwarzen Peter den parallel verlaufenden Roten Weg hinunter. Auf der Naturbahn, die sich seit Jeher großer Beliebtheit bei Schlittenfahrern erfreut, wurden bis zur Einweihung der modernen Strecke die ersten Rennen abgehalten.

GESTOPPTE ZEIT Nach nur wenigen Kurven hangabwärts taucht eine weitere Hütte entlang der Strecke auf. Hierbei dürfte es sich um den Frauenstart gehandelt haben. Das Häuschen sieht ähnlich mitgenommen aus wie das erste. Allerdings steht es auf einem Plateau, das früher einmal über Treppen zugänglich war. Heute ist davon nur noch das Stahlgerüst übrig, von den Stufen fehlt jede Spur. Der Streckenführung bergab folgend, zeigen sich mal höhere und mal niedrige Mauerreste, die aber gleichermaßen von Kletterpflanzen überwuchert sind. Ein Stück später taucht das nächste Häuschen auf. In der sogenannten Spreng-Kurve wurden einst Zwischenzeiten gemessen. Das Tempo, mit dem die Rodler früher hier vorbeigebraust kamen, muss enorm gewesen sein. Denn dafür, dass es sich um eine sehr lang gezogene Kurve handelt, ist die Mauer überraschend hoch. So schlängelt sich eine der letzten Natureisbahnen Europas durch den Wald, ohne dass jemand richtig Notiz von ihr nimmt. Auch beim nächsten Messposten scheint die Zeit stillzustehen. Zwei alte Stühle stehen davor, als warteten sie schon lange auf ihren nächsten Einsatz. Der Blick durch eines der offenen Fenster macht die gefühlte Zeitreise komplett: das Mobiliar aus DDR-Zeiten steht noch im Raum, und Schilder längst vergangener Tage lehnen wie selbstverständlich an der Wand. Als müsse man sie nur kurz entstauben und schon könne die CSSR wieder an den Start gehen.

AUFGETAUT Wenige Meter weiter, kreuzt plötzlich eine andere Fahrrinne den Weg. Der neue Start. 1983 wurde er im Zuge der Modernisierung gebaut. Von hier abwärts sieht der Rest der Bahn deutlich gepflegter aus. Flutlichtanlagen für den Start, neue Betonwände mit Graffiti verziert in den kommenden Kurven. Nur eine Natureisbahn, das ist sie bis heute geblieben. Im Rahmen der Ausbaumaßnahmen in Vorbereitung auf die X. Rennrodel-Weltmeisterschaft 1966 hatte man zwar über eine künstliche Vereisungsanlage nachgedacht, das Vorhaben aufgrund zu hoher Kosten allerdings wieder verworfen. Dass diese Entscheidung die Verantwortlichen am Ende noch teurer zu stehen kommen würde, ahnte zu diesem Zeitpunkt noch niemand. Doch kurz vor Start der WM 1966 sorgte ein unerwarteter Wetterwechsel für Probleme. Die Bahn taute einfach auf, und es gab keine Ausweichmöglichkeit für den Wettbewerb. 1966 geht deshalb in die Geschichte ein als das Jahr, in dem die Weltmeisterschaft ins Wasser fiel. Nach diesem Desaster fanden nur noch wenige Rennen in Friedrichroda statt – und schon fünf Jahre später war das Aus der Bahn besiegelt.

Das besondere Erlebnis

Die unteren 1450 Meter der Spießbergbahn werden bis heute aktiv genutzt. Der Bob- und Rodelclub 05 Friedrichroda e. V. trainiert hier Sommer wie Winter seine Nachwuchstalente auf Deutschlands einzig verbliebener Natureisbahn. Mit etwas Glück begegnen Sie bei ihrem Besuch künftigen Wintersportstars beim Training oder können live bei einem der jährlichen Wettbewerbe dabei sein (Info: www.friedrichroda.info).

↓ Der untere Teil erhielt einen neuen Start, die alte Strecke läuft ins Leere.
↘ In der »Spreng-Kurve« wurden die Zwischenzeiten der Rodler gemessen.

Die markante Tordurchfahrt der Automobilwerke ist noch intakt.

18

AUSGETRÄUMT

Traumauto Wartburg und die Automobilwerke Eisenach

»Sie haben sich für einen Wartburg entschieden. Gratulation«, heißt es in einem Wartburg-Werbefilm Ende der 1950er-Jahre. Entschieden hätten sich sicher einige für einen Wartburg – doch das Traumauto für viele sollte eben genau das bleiben: ein Traum.

Eisenach, Wartburgkreis **Ort** Friedrich-Naumann-Straße 10, 99817 Eisenach **GPS** 50.981312, 10.325313 **Anfahrt** Mit der Bahn nach Eisenach (ICE/IC/RE-Strecken) und etwa 1 km zu Fuß oder mit dem Auto über die A4 bis zur Ausfahrt Eisenach-West, dann Richtung Eisenach-Mitte halten und der Beschilderung Richtung Zentrum bis zum Ziel folgen

(AUTOMOBIL-)TRAUMFABRIK Das historische Tor steht noch. Auf ihm der markante Schriftzug der AWE. Er spiegelt sich auf der regennassen Straße. Schlagbaum und Personenkontrolle gibt es heute nicht mehr. Damals sollten sie verhindern, dass heiß begehrte Ersatzteile das Gelände unbemerkt verlassen – schließlich waren sie für DDR-Bürger sonst kaum zu beschaffen. Außer der Einfahrt auf das frühere Fabrikgelände sind wenige Gebäude erhalten geblieben. Sie stammen aus der Umbau- und Erweiterungsphase des Betriebs 1935. Roter Klinker und Sprossenfenster zeichnen die Produktionshallen aus. Doch einige Fenster sind zerschlagen. Viele Gebäude sind längst abgerissen. Andere sollen ein neues Nutzungskonzept erhalten, saniert und modernisiert werden.

AUSLAUFMODELL Am 10. April 1991 hatte das letzte Stündlein des Wartburg geschlagen: Ein letztes Mal lief er vom Band. Die Nachfrage war nach der Wende eingebrochen, die Produktion wurde beendet und Mitarbeiter sofort auf Kurzarbeit-0 gestellt. Die Enttäuschung vor Ort war groß. Jedoch nicht so groß wie die der Menschen, die bis zu 15 Jahre auf ihren eigenen Wartburg hatten warten müssen. Kein Wunder: Das Politbüro war deutlich mehr an einer strategischen Außenwirkung und Devisen interessiert, als daran, die Bevölkerung mobil zu machen. Heute würde man sagen, der Wartburg diente der SED als Image-Kampagne. Eine Zeit lang mit Erfolg. Er galt als besonders robust, zuverlässig und einfach zu reparieren. Zumindest die frühen Modelle bis Mitte der 1960er-Jahre waren auch aufgrund ihrer Optik beliebt. Doch gerade in dieser Zeit rollten pro Jahr nur rund 32 000 Stück vom Hof – etwa 19 000 direkt ins Ausland. Von Skandinavien bis Südafrika, Belgien bis

Um die Produktionshallen ist es nicht gut bestellt, sie verfallen größtenteils.

in die Sowjetunion: Überall wollte man Wartburg fahren. So blieben, nach der »Sonderversorgung für Privilegierte« – sprich Künstler, Sportler, Parteifunktionäre – gerade einmal 7200 Stück für die normale Bevölkerung des Arbeiter- und Bauernstaats übrig. Die Kosten von etwa 20 000 DDR-Mark kamen erschwerend hinzu. So blieb der Traum vom eigenen Wartburg für viele unerfüllt.

(FEHL-)PLANUNG Die Lage spitzte sich in den 1980er-Jahren weiter zu. Die Fahrzeuge wurden nur noch minimal weiterentwickelt, behielten dasselbe Aussehen, mit dem sie Ende der 1960er an den Start gegangen waren. Dafür schossen Planvorgaben in die Höhe, die Produktionsanlagen blieben dieselben. Das Personal sollte gekürzt werden. Damit nicht genug. Zu Beginn der Wartburg-Produktion lautete die Entscheidung der Regierung: Zweitakt- statt Viertaktmotor. Und genau das sollte dem Exportschlager nun zum Verhängnis werden. Denn die Lautstärke und der Gestank des Zweitakters schreckten westliche Kunden zunehmend ab. Schließlich kam, was kommen musste: Eine neue Abgasnorm in der BRD und in Westeuropa sorgte dafür, dass der Wartburg nicht mehr auf die Straßen durfte. Doch Entscheidungen über neue Entwicklungen wurden im Politbüro statt in der Produktion getroffen. Und die Mühlen dort mahlten nun mal ziemlich langsam. Jahrelang entwarfen und

↓ Gebäude wurden teils abgerissen oder wieder zum Leben erweckt – z. B. als Museum.
↘ Der letzte produzierte Wartburg steht heute im Automobilmuseum des AWE.

forschten die Ingenieure in Eisenach an neuen Motoren. Bauen durften sie sie nicht. An Inspiration mangelte es in Eisenach nie, dafür umso mehr an Investitionen. Neue Werkshallen, Maschinen und Materialien hätten hergemusst, um einen eigenen Viertakter serienreif zu bekommen. Interesse seitens der Führung? Keines. Stattdessen investierte man am Ende deutlich mehr, um Motoren von VW einzukaufen, die sich weder für die Karosserie noch die Produktionsbedingungen in Eisenach eigneten. Während die Leute weiter den Traum vom eigenen Wartburg hegten, tat das Politbüro alles dafür, diese einst so stark gefeierte Marke dem Erdboden gleich zu machen. Kein Wunder also, dass es kurz nach der Wende auch so kam. Ihre Leidenschaft setzten die Eisenacher Autobauer fortan für andere Marken ein, die sich am Standort niederließen.

Das besondere Erlebnis

In eines der denkmalgeschützten Gebäude der Wartburg-Produktion ist vor einigen Jahren die Automobile Welt Eisenach eingezogen. Neben spannenden Exponaten aus DDR-Zeiten erfahren Sie Wissenswertes rund um den Automobilstandort Eisenach – warum Bayerische Motoren eigentlich aus Thüringen stammen, dass Dixis weit mehr sind als nur portable Toiletten und vieles mehr (Info: www.awe-museum.de).

Auf dem Gelände soll nun eine Multifunktionsarena entstehen.

19

IM BLUTE LIEGEND

Die Sage vom Jägerstein

Umgeben von Nadelwald und im Schnee versunkenen Picknick-Bänken steht der kleine Gedenkstein, der an einen tragischen Jagdunfall erinnern soll – oder war es doch Mord? Ein bis heute ungeklärter Todesfall.

Gehlberg, OT Suhl, Thüringen **Ort** Schneekopf, 98559 Gehlberg **GPS** 50.665563, 10.766438 **Anfahrt** Mit der Bahn nach Gera (IC/RE-Strecken) und mit der Tram zur Dualen Hochschule oder mit dem Auto über die A4 bis zur Ausfahrt Gera-Langenberg/Gera-Zentrum, Schildern in Richtung B92 Richtung Schleiz bis zum Ziel folgen

Nebel und Schneechaos tauchen den Jägerstein in düstere Atmosphäre.

IN NEBEL GEHÜLLT Schon der Aufstieg auf den Gipfel durch Schnee und dichte Nebelschwaden lässt einem die Haare zu Berge stehen. Zwischen groß gewachsenen Fichten weist eine Schneise den Weg Richtung Gipfel. Einzig Spuren im Schnee zeugen davon, dass ein Schneemobil den Hang hinaufgefahren sein muss – sonst ist hier niemand unterwegs. Es knirscht bei jedem Schritt. Der Wind bläst bitterlich kalte Luft und Flocken ins Gesicht. Fast am Gipfel angekommen, weist ein Schild nach rechts, der Weg ist nicht zu erkennen. Die Nebelwand wird dichter, starker Wind fegt losen Schnee über die freie Fläche. Mit jedem Schritt sinke ich tiefer ein. Kurz bevor der mystische Wald Wandernde wieder verschluckt, ragt der Jägerstein knapp aus der Schneedecke. Das davorstehende Schild erzählt, was sich hinter dem Denkmal verbirgt.

»IN VERBLENDUNG EINES HIRSCHES GESTALT« Mit diesen Worten beschreibt der Pfarrer nach dem Tod des Försters die Geschehnisse vom September 1690: Caspar Greiner, ein 19-jähriger Jäger, stand im Dienste seines Onkels, dem fürstlich sächsischen Förster Grahner. Der Jägerbursche hatte sich den Ruf als ausgezeichneter Schütze erarbeitet, was sein Onkel mit Argwohn betrachtete. Im Revier streifte ein mächtiger Hirsch umher. Wie vom Unglück verfolgt, brachte Caspar es nicht fertig, das Tier zu erlegen. Zu allem Überfluss musste er den Spott des Onkels ertragen. Ein neuer Tag, wieder tauchte der Hirsch auf, wieder schoss Caspar daneben. Als er dem Glasmacher von seinem Missgeschick berichtete, bestellte ihn dieser zur nächsten Vollmondnacht zu sich, um eine verzauberte Glaskugel herzustellen. Mit dieser würde Caspar den Bann brechen, versprach der Glasmacher. Der Jägerbursche zog also wieder auf den Schneekopf. Es dauerte nicht lang, da trat der Hirsch aus dem Dickicht hervor. Die Freikugel im Gewehr, feuerte der Bursche und sah den Hirsch fallen. Bei seiner Beute angekommen, musste er mit Entsetzen feststellen, dass dort kein Hirsch, sondern sein Vetter in einer Blutlache lag. Dass das Ereignis einen wahren Hintergrund haben muss, beweist die Inschrift auf dem Stein: »Anno 1690, d. 16. Sept.: Herr Johann Valentin Grahner F:S:F zu Gräfenroda durch seinen Vetter F.F. als Schwester Sohn Johann Caspar Greiner unversehens allhier erschossen worden. XXX«. Handelte es sich wirklich um einen Unfall? Oder war es vielleicht doch Rache für die Schmähungen des Onkels? Wir werden es nie erfahren.

DER WANDERNDE STEIN Auch der Stein selbst hat eine – im wahrsten Sinn – bewegte Geschichte. An seinem heutigen Standpunkt steht er erst seit 1990. Die militärische Nutzung des Schneekopfes durch die Sowjetarmee machte ihn zum Sperrgebiet und den damals versteckt platzierten Jägerstein unzugänglich. 1971 versetzten ihn die Oberhofer Heimatfreunde an den Rennsteig, um ihn vor der Verwahrlosung zu bewahren. Heute steht er nahe seinem ursprünglichen Fleck, nur sichtbarer. Damit ist er zum höchstgelegenen Gedenkstein des Landes geworden.

Das besondere Erlebnis

Der Wanderpark Schneekopf/Gehlberg bietet weitere Highlights – wie Felsformationen und Moore, von denen man früher dachte, nur der Teufel könne sie geschaffen haben. Das schlägt sich auch in den Flurnamen nieder: Teufelskanzel, Teufelskreis und Hölle. Aber gehen Sie am besten selbst auf Erkundungstour, vielleicht im Februar, wenn traditionell das Jägersteinfest begangen wird (Info: www.gehlberg.net).

Gelände des früheren »B-Lagers« am Stadtrand von Mühlhausen

20

TICKENDE ZEITBOMBE

Gerätebau GmbH und Martha II Mühlhausen

Verborgen im Stadtwald liegt Mühlhausens düsteres Geheimnis. Noch heute zeugen Stahlbetonwände und -pfeiler davon, was im Schutz der Bäume einmal vor sich ging. Doch die Uhr tickt ... denn die Natur erobert sich alles wieder zurück.

Mühlhausen, Unstrut-Hainich-Kreis **Ort** Weiße-Haus-Chaussee 13, 99974 Mühlhausen **GPS** 51.198306, 10.377917 **Ort** Diedorfer Stieg 1, im Stadtwald, 99974 Mühlhausen **GPS** 51.196841, 10.376892 **Anfahrt** Mit der Bahn nach Mühlhausen/Thür. (RE/RB-Strecke Gotha–Leinefelde), weiter mit dem Bus bis zum Weißen Haus oder mit dem Auto über die A38, Ausfahrt Heilbad Heiligenstadt, L1006, L1008, Lange Str., B249 und Am Stadtwald bis zum Ziel in Mühlhausen/Thüringen nehmen

IN GEDENKEN Alles beginnt ganz idyllisch am Weißen Haus, einer kleinen Gaststätte am Stadtrand von Mühlhausen – ein beliebtes Ausflugsziel mit Spielplatz. Von dort aus führt der Weg in den Wald hinein. Schon nach wenigen Metern folgt der erste Hinweis auf das, was hier in den 1940er-Jahren vor sich ging. Eine Gedenkstele, gewidmet den jüdischen Zwangsarbeiterinnen, die ab Herbst 1944 täglich diesen Weg zurücklegen mussten. Neben der hohen Säule ein etwa kniehoher Stein, der den Davidstern abbildet. Etwa 2,5 Kilometer tief führt der Pfad in den Forst hinein. Ein langer Weg. Besonders für die zumeist jungen Frauen, die ihn täglich vor und nach 10- bis 12-stündigen Arbeitsdiensten in der versteckten Rüstungsfabrik zu absolvieren hatten. Während ich diesen Weg früher mit einem schönen Sonntagsspaziergang mit der Familie verknüpfte, herrscht heute eine andere Stimmung. Ich hänge meinen Gedanken nach, als ich an der Wegkreuzung ankomme, an der das Gelände der früheren Gerätebau GmbH beginnen sollte. Im ersten Moment erkennt man redensartlich den Wald vor lauter Bäumen nicht. Weg und Waldboden liegen voller Herbstlaub, und die Stämme der kahlen Bäume unterscheiden sich farblich kaum von leicht bemoosten Stahlbetonpfeilern. Einst hielten sie 2,5 Meter hohe Betonmauern. Heute ragen sie nutzlos in die Höhe. Eine Holztafel gedenkt den Frauen, die in der hiesigen Fabrik in Zwangsarbeit Zeitzünder für Flugabwehrraketen der Wehrmacht herstellen mussten.

GUT GETARNT Um den Rüstungsaufträgen des Reichswehrministeriums gerecht zu werden, gründeten die Gebrüder Thiel aus Ruhla eine Tochtergesellschaft ihrer Uhrenwerke. Zwischen 1937 und 1938 ging die Produktion an den Start – zunächst mit regulären Angestellten. Menschen aus der Stadt, die mit einer Zweiglinie der damals existierenden Straßenbahn den Weg zurücklegten. Durch den Haupteingang gelangten sie zu zwei Produktionshallen, jeweils etwa 300 mal 25 Me-

Eine Gedenkstele erinnert an den Marsch jüdischer Zwangsarbeiterinnen.

Im Wald lassen sich ganze Gänge der Gerätebau GmbH rekonstruieren.

ter groß, und dem dazwischenliegenden Verwaltungsgebäude. Natürlich sollte der Rüstungsbetrieb möglichst unsichtbar bleiben. So wurde beim Bau penibel darauf geachtet, nur so viele Bäume abzuholzen, wie zwingend nötig. Auch nutzte man den weichen Waldboden konsequent aus: Die Hallen waren ebenerdig und unterkellert, sodass man sie aus der Luft nicht als Gebäude wahrnehmen konnte. Bepflanzte Flachdächer sorgten für zusätzliche Tarnung. Und genau dieser Sichtschutz dürfte die Gerätebau GmbH vor dem Luftangriff auf Mühlhausen vom 11. September 1944 geschützt haben. Die Bomben fielen stattdessen auf die Innenstadt.

AM ZEIGER GEDREHT Gesprengt wurde die Fabrik trotzdem – allerdings erst nach Kriegsende. Aber natürlich nicht, bevor die vorhandenen Maschinen demontiert und nach Russland gebracht worden waren. Erst dann legten die sowjetischen Besatzer die Produktionshallen sowie das Verwaltungsgebäude in Schutt und Asche. Die Platten der Sichtschutzmauern sollen anschließend für den Boden des Freibades am Schwanenteich genutzt worden sein. Andere Überreste der Fabrikgebäude finden sich im Stadtwald, wenn man genau hinsieht. Vom Wegesrand sind die Brocken nämlich kaum zu erkennen. Sie sind mit Moos bewachsen und zumindest im Herbst von Laubschichten begraben. Abseits der Wege lässt es sich jedoch tief eintauchen. Die ehemaligen Tunnel sind teils auch heute noch als solche auszumachen. Ganze Wege lassen sich so rekonstruieren. Doch die Entdeckungstour birgt auch Gefahren: Aus den Platten ragen Stahldrähte, die vor lauter Astwerk nicht immer sofort als solche zu erkennen sind. Ein unachtsamer Moment und der Stahldraht geht schnell als Zweig durch. Deshalb ist für alle Neugierigen definitiv auch eine Portion Vorsicht geboten. Je tiefer ich in den Wald vordringe, desto mehr Teile der Fabrikruine entdecke ich. So tauche ich ab in eine andere Welt und versuche den Verlauf der Gänge nachzuvollziehen. Aus heiterem Himmel heult eine Sirene laut auf und lässt mich erstarren. Es dauert einen Moment, um zu realisieren, dass es sich dabei vermutlich um einen Feuerwehreinsatz handelt. Wie müssen sich die Zwangsarbeiterinnen in der Fabrik gefühlt haben, wenn sie ähnliche Signale hörten? Schließlich bedeuteten sie eine zusätzliche direkte Bedrohung für das eigene Leben. Sobald der Fliegeralarm ertönte, habe man sie in den Luftschutzkeller gebracht und die schwer gepanzerten Türen verschlossen. Ob es sich seitens der SS-Aufseherinnen dabei um Fürsorge oder eine Maßnahme zum Ausbruchschutz handelte, wird sich wohl nicht mehr nachweisen lassen.

In den Baracken lebten die Frauen unter miserablen Bedingungen.

AUFGERÜSTET Der Bedarf an Zündern für die Rüstungsindustrie wuchs stetig an und damit auch die Zahl der Beschäftigten in der Gerätebau GmbH. Über 4500 Beschäftigte

↑ Die Produktionsstätten wurden nach Kriegsende von der Sowjetarmee gesprengt.
↗ Aus Tarnungsgründen spielte sich die Arbeit größtenteils unterirdisch ab.

waren es 1939. Während es zu Beginn hauptsächlich Männer aus Mühlhausen und direkter Umgebung waren, fuhren bald immer mehr Frauen für die Arbeit in den Stadtwald. Doch die Kapazitäten reichten für die steigenden Produktionszahlen nicht aus. Also heuerte man zunächst »Fremdarbeiter« an, um den Bedarf zu decken. Darunter waren junge Frauen zum Beispiel aus Österreich, die extra dafür nach Mühlhausen kamen. Schnell mussten Unterkünfte für sie geschaffen werden – so entstand direkt am Waldrand ein Wohnquartier für die Arbeitskräfte. Das Bereitschaftslager, das vielen Mühlhäusern bis heute als B-Lager bekannt ist, bestand aus einem massiven Gemeinschaftshaus mit Speisesaal und Unterhaltungsangeboten wie Kino und Bibliothek. Ringsherum entstanden 15 bis 20 unterkellerte Holzbaracken, ein Sanitärgebäude, Verwaltung und Krankenstation. Zwangsarbeiter aus Polen, Russland, Italien und der Ukraine kamen ab 1942 hinzu. Im Oktober und November 1944 überstellte das KZ Auschwitz knapp 700 Jüdinnen hierher. Sie erreichten Mühlhausen in dünner, zerrissener Sommerkleidung. Viele von ihnen kamen ohne Schuhe an. So mussten sie den Weg ins Werk in den eisigen Wintermonaten zurücklegen. Um sie von den anderen Zwangsarbeiterinnen zu unterscheiden, markierte man die Rückseite der Kleidung mit roter Farbe. Der Zustand der Unterkünfte sei miserabel gewesen. Das zumindest geht aus Bewertungen von SS-Aufsehern hervor, die auch hier untergebracht werden sollten. In den Wintermonaten froren die Sanitäranlagen ein. Alles war dreckig. Das Essen war nicht ausreichend und völlig unhygienisch. Wenig überraschend: Der Krankenstand war hoch.

B-LAGER(T) Zwar zählte Martha II offiziell als Außenlager des KZ Buchenwald. Doch als das Lager im März 1945 aufgelöst wurde, brachte das SS-Frauenkommando die Jüdinnen mit der Bahn nach Celle, von wo sie weitere 15 Kilometer zu Fuß bis Bergen-Belsen zurücklegen mussten. Viele von ihnen starben, noch bevor das KZ befreit werden konnte. Das B-Lager in Mühlhausen blieb erhalten. Es wurde kurzerhand zum Auffanglager für Umsiedler und Heimkehrer, die nach Kriegsende zunächst eine Quarantäne absolvieren und dann eine neue Bleibe finden mussten. Nachdem die Flüchtlingsströme abebbten, diente die Anlage der Roten Armee als Garnison. Ab den 1950er-Jahren entstand auf dem Gelände eine NVA-Kaserne. Baracken wurden um- und ausgebaut, weitere Unterkünfte und ein Stabsgebäude kamen hinzu. Nach dem Untergang des SED-Regimes nutzte man die Kapazitäten als Erstaufnahmeeinrichtung für Asylsuchende. Von 1992 bis in die frühen 2000er waren zeitweise bis zu 600 Menschen aus 20 Nationen hier untergebracht.

(FEHLENDES) GESCHICHTSBEWUSSTSEIN Heute stehen die Gebäude leer. Ein Mühlhäuser Investor hatte den Komplex vor Jahren gekauft. 2019 sorgte er mit seinem Vorschlag, ein Bratwurstmuseum auf dem Gelände einzurichten, deutschlandweit für Schlagzeilen und Aufschreie. Zwar ist man hier zu Recht stolz auf den Thüringer Exportschlager. Dennoch wünschte sich die Jüdische Landesgemeinde eine bessere Aufarbeitung und einen sensibleren Umgang mit der Geschichte des Standorts. Diesem Gesuch kam die Stadt Mühlhausen nach und ließ die Geschichte aufarbeiten. Das Bratwurstmuseum steht inzwischen auf einem anderen Grundstück – direkt nebenan.

Das besondere Erlebnis

Wer durch die Straßen Mühlhausens schlendert, wird auf einige weitere Lost Places stoßen. Zum Beispiel entlang der Wanfrieder Straße: eine repräsentative Jugendstilvilla, die ihre besten Tage schon lange hinter sich hat, genauso wie das frühere Gasthaus Roter Hirsch.

Schwere Betonmauern sollten im Fall eines Angriffs Schutz bieten.

21

AUF DER JAGD

Jagdschloss Rathsfeld

Die Jagd hoch zu Ross spielte auf dem Rathsfeld eine untergeordnete Rolle. Erst wurde aus dem Anwesen ein Zuhause, später beheimatete es erst bergeweise hochbrisante Akten und anschließend Horden von Jungpionieren.

Kyffhäuserland, Kyffhäuserkreis **Ort** Rathsfeld 3, 06567 Kyffhäuserland **GPS** 51.395099, 11.074551 **Anfahrt** Mit dem Auto entweder über die A38 bis Ausfahrt Berga, dann weiter auf B85 in Richtung Berga/Kelbra/Bad Frankenhausen/Stolberg/Roßla oder A71 bis Ausfahrt Heldrungen fahren, weiter Richtung Heldrungen/Wiehe/Oldisleben und dann der B86 bis B85 im Kyffhäuserland folgen

Ausgebrannt und eingestürzt: der repräsentative Eingang des Corps de Logis

↑ Aus den Angeln genommen: Die Tür lehnt abseits des Rahmens an der Wand.
↗ Sperrmüll mal anders – hier wird das Mobiliar auf dem Rasen entsorgt.

WEIDMANNSHEIL Es dämmert schon, als ich das Rathsfeld erreiche, ein Jagdschloss am Rand des Süd-West-Kyffhäusers, das einst nach dem hiesigen Flurstück benannt wurde. Ein imposanter Dreiflügelbau aus dem Jahr 1698, der so manchen Fürsten, einen Kaiser und unzählige Ferienkinder gleichermaßen beherbergte. Was früher ein prächtiger Anblick war, ist nur noch eine traurige Ruine. Der natürliche Verfall setzte bereits vor vielen Jahren ein, beschleunigt durch ungeklärte Brände ebenso wie Vandalismus. In der früheren Parkanlage sprießen Bäume und Sträucher völlig ungehemmt. Jeder, der einen Blick hineinwerfen möchte, muss sich zunächst durchs Dickicht kämpfen. Zur Straße hin gerichtet steht ein unscheinbares Wirtschaftsgebäude – kaum vorstellbar, dass hinter hübschen Bogenfenstern und unter kleinen Giebeln einst ein ganzer Hofstaat versorgt wurde. Wenige Schritte entlang der Mauern, und dieser Lost & Dark Place zeigt seinen besonders morbiden Charme. Denn der eindrucksvolle Eingangsbereich des früheren Wohntrakts liegt Neugierigen einfach zu Füßen. Ausgebrannt. Eingestürzt. Übrig geblieben sind einige Mauerreste, Balken und Teile des Entrees. Ähnlich setzt sich das schaurig schöne Bild fort, je mehr vom Gelände man erkundet. Düster und einsam wirkt es. So als tauche man in eine andere Welt ein, in der es außer diesem gespenstischen Ort nichts gäbe. Dabei liegt nur wenige Meter entfernt die Bundesstraße, die quer durch das Mittelgebirge führt. Und die Motorsägen der Baumarbeiter sind zu hören, die an diesem Tag die Strecke von Sturmschäden zu befreien versuchen und deren Autos sich verdächtig langsam auch dem Jagdschloss nähern. Der Innenhof bietet nicht nur Sichtschutz, sondern öffnet auch Tür und Tor, um dem Verfall des Schlossareals noch ein wenig mehr auf den Grund zu gehen.

GASTFREUNDSCHAFT Von Graf Albert Anton von Schwarzenburg-Rudolstadt ursprünglich als Jagd- und Lustschloss ange-

Der ganze Hofstaat wurde aus den kleinen Räumen der Wirtschaftsgebäude versorgt.

dacht, wurde das neu erbaute Schloss Rathsfeld bald schon zum Stammsitz seiner Angehörigen. Das ursprünglich dafür vorgesehene Schloss in Bad Frankenhausen erfüllte deshalb mehr den Zweck als Verwaltungssitz. Rathsfeld hingegen diente sogar als Unterkunft für hochrangige Staatsoberhäupter, die im Kyffhäuser zu Besuch waren. Niemand geringerer als Kaiser Wilhelm II. residierte hier, als nur wenige Kilometer entfernt das Kaiser-Wilhelm-Denkmal eingeweiht wurde. Der letzte hier lebende Aristokrat, Günter Viktor, musste mit dem Ende der Monarchie 1918 zwar das Grundbuch für sein Jagdschloss abtreten, erhielt aber ein Wohnrecht auf Lebenszeit und verweilte bis zu seinem Tod 1925 in diesen beeindruckenden Hallen. Es folgten: Besitzerwechsel, unterschiedliche Nutzungskonzepte, Verfall. So wurde zum Beispiel die große Wald- und Wiesenfläche südlich des Schlosses nach Ende des Zweiten Weltkriegs erst zum Erholungsheim des VEB Olympia Büromaschinenwerk Erfurt und später zum Pionierferienlager »Thomas Müntzer«, benannt nach dem Reformator, dessen Name sich in Thüringen vielerorts wiederfindet. Zunächst wurden die Kinder in Zelten auf dem Gelände untergebracht, später wurden die Haupthäuser an die Nutzung angepasst. Bis zu 1200 Plätze standen für das Lager zur Verfügung. Seit der Wende steht das Palais inzwischen leer – die ersten Jahre unter der Aufsicht des Landes Thüringen, seit 1998 in Privatbesitz. Das Gelände des ehemaligen Ferienlagers wurde 2005/2006 rekultiviert. Seit einem Großbrand 2006 ist vom früheren Lustschloss nur noch eine lustlose Ruine übrig.

KRIEGSEINSATZ Auch zu Kriegszeiten war Schloss Rathsfeld eine gefragte Anlaufstelle. Schon während der Napoleonischen Befreiungskriege wurde es deshalb vorübergehend als Lazarett umfunktioniert. Was heute jedoch kaum jemand ahnt: Auch während des Zweiten Weltkriegs wurde dieser Ort zu einem strategisch wichtigen Punkt der Nazis. Mitten im Nirgendwo gelegen, war das Bombardierungsrisiko natürlich deutlich geringer als in Berlin. Das reichte aus, um sich als Ausweichstandort zu qualifizieren. Damit begann das wohl dunkelste Kapitel des einst so positiv konnotierten Schlosses – 1943 zog das Reichssicherheitshauptamt, genauer gesagt das Reichssippenamt, in die Räumlichkeiten ein. Seine Aufgabe: Quellen jüdischen Lebens im Deutschen Reich ausfindig machen. Bereits seit 1933 wurden zu diesem Zweck Personenstands- und Standesamtsregister eingezogen. Zunächst noch im ganzen Reich verteilt, sammelte man die Akten ab 1943 im hiesigen Schloss. Man begann, die gesammelten Unterlagen auf Mikrofilm zu brennen, um die Archivierung der Aktenberge zu vereinfachen. Viele davon sind bis heute erhalten und stellen die am meisten genutzten Quellen in der jüdischen Familienforschung in Deutschland dar. Doch längst nicht alle Unterlagen haben sich wiedergefunden. Die Vermutung liegt nahe, dass viele bereits 1945 oder in den Jahren sowjetischer Besetzung vernichtet wurden. Diese These unterstützt auch Gerhard Wolf, der auf dem Rathsfeld aufwuchs: »Als ich im Mai 1945 aus meiner kurzen Kriegsgefangenschaft zurückkam, lagen auf den Wegen rund um das Schloss Rathsfeld verkohlte Karteikarten und Fotos, die aus dem Schornstein des Schlosses kamen. Im letzten Kriegsjahr brachte das ›Reichssicherheitshauptamt‹ dort die Kartei für die Juden Europas unter. Zuletzt haben sie alles verbrannt.«

Das besondere Erlebnis

Ein Bau mit ähnlich interessanter Geschichte ist das Rittergut Roschütz in Gera. Zwar eigentlich ein Herrenhaus, aber aufgrund seiner Lage auf einem früheren Rittergut, hat sich der Begriff auch für das Gebäude von 1895 durchgesetzt. Vor einigen Jahren wütete hier ein Großbrand und zerstörte den Dachstuhl vollständig. Dennoch zeugt das Gebäude von einer bewegten Geschichte: von Porzellanfabrik über Reichsarbeitsdienstlager für Mädchen bis hin zur Pionierleiterschule und zurück zur Porzellanfabrik. Und der verwilderte Garten verleiht der Szenerie etwas Verwunschenes – für Träumer und Abenteuerlustige.

Die Musikempore im Kirchpavillon zeugt vom einstigen Glanz des Schlosses.

Der Eingang ist im Winter zum Schutz von angesiedelten Fledermäusen versperrt.

22

HOLLA, DIE WALDFEE

Frau Holle in Thüringen

Hulda, Perchta oder eben doch Frau Holle – in Thüringen lebt sie bis heute. Mancherorts wird ihr und ihren Dämonen alljährlich gehuldigt, andernorts lebt sie zurückgezogen in einer Höhle oder am Grund eines Brunnens als Hüterin der Seelen.

Hörselberg-Hainich, Wartburgkreis **Ort** Berggasthaus Großer Hörselberg, 99820 Hörselberg-Hainich **GPS** 50.956562, 10.453812 **Anfahrt** Mit der Bahn nach Schönau (Hörsel) oder Sättelstädt (RB-Strecken) und von dort Wanderung zum Großen Hörselberg oder mit dem Auto über die A4 bis Abfahrt Sättelstädt, der Beschilderung nach Hastrungsfeld folgen, dann links halten Richtung Großer Hörselberg

DIE VENUSHÖHLE Ein Parkplatz direkt unterhalb des Gipfelhauses ist der perfekte Ausgangspunkt für eine Erkundungstour über die etwa 500 Meter hohen Hörselberge bei Eisenach. Das Gebirge besteht aus Muschelkalk und Buntsandstein – die Grundlage für diese einzigartigen Felsformationen. Der Blick schweift weit, die Hänge fallen steil hinab. Sturmwinde peitschen über den Gipfel, über dem eine dichte Regenwolke hängt. Schon seit frühgeschichtlicher Zeit gelten die Hörselberge als Seelenberge und Wohnort sagenumwobener Götter. Forschende sind sich bis heute uneins, auf welche Gottheit die Frau-Holle-Sage zurückgehen könnte. In dieser Region nimmt man an, dass sie ihren Ursprung in der germanischen Hulda nimmt. Sicherer war man sich jedoch, dass die Frauengestalt hier in einer Höhle hause. Das Hörselloch bzw. die Venushöhle oder Venusgrotte, wie sie nach der Christianisierung genannt wurde, sei ihr Versteck. Man erzählte sich, dass sie in besonders stürmischen Herbst- und Winternächten im Thüringer Wald auf die Jagd ginge. Stets begleitet von ihrem »Wilden Heer« aus gefallenen, germanischen Kriegern. Gemeinsam durchstreiften sie die Wälder nach Nahrung – und angeblich auch auf der Suche nach ehrbaren Rittern. Denn diese habe die »männerverzehrende Teufelin«, zu der sie durch die Christianisierung gemacht wurde, in ihre Höhle locken und zu unsittlichen Taten verführen wollen. Selbst Richard Wagner benutzt in seiner Tannhäuser-Oper das Bild der im Hörselberg lebenden Verführerin. Von herumliegenden Rüstungen oder vergessenen Schwertern der verführten Ritter gibt es an diesem Wintertag jedoch keine Spur. Stattdessen lockt die Höhle in der kalten Jahreszeit in erster Linie einige Fledermauskolonien an, die hier überwintern. Deshalb ist der Höhleneingang durch eine Tür verschlossen. Im Sommer ist die Höhle frei zugänglich – für alle, die sich hineintrauen.

HERRSCHEKLOESE Doch auch andernorts spielt Frau Holle bis heute eine wichtige Rolle. In Gethles, einem Ortsteil der Stadt Schleusingen zum Beispiel. Am 23. Dezember ziehen traditionell zwei »Hollen«, in weiblicher Tracht verkleidete Männer, durchs Dorf. Begleitet werden sie von je drei in Stroh gehüllten Gestalten, den sogenannten Herrschekloesen. Sie tragen einen »Storm« auf dem Kopf – eine Art Zuckertüte, ringsherum beklebt mit Papierstreifen, die im Wind flattern und für ordentlich Lärm sorgen. Um den Hals tragen sie dumpf klingende Glocken. Nachdem der Oberbürgermeister seinen Segen erteilt hat, strömen die Vermummten aus der »Höll« auf den Dorfplatz. Mit ohrenbetäubendem Lärm ziehen sie durch die Straßen. Der Weg führt von Haus zu Haus und die »Hollen« sam-

Auf dem Weg zur Höhle weist ein Schild auf die Erzählungen über Frau Holle hin.

meln in ihren Körben Gaben der Bewohner ein. Wehe dem, der sich jetzt noch in den Gassen herumtreibt. Sogenannte Schleicher, das sind Herrschekloese ohne Glocken, ziehen allein umher und bestrafen Ungehorsame mit einem Peitschenhieb. Dass der Brauch zur Weihnachtszeit ausgelebt wird, kommt nicht von ungefähr: In den Rauhnächten, die Zeit zwischen Weihnachten und dem Dreikönigstag, sind die Nächte besonders lang und die Tage sehr kurz. Nach altem Aberglauben steht in dieser Zeit das Tor zur Unterwelt offen, sodass Dämonen und Geister in die irdische Welt überwechseln können. Um sie zu vertreiben, haben sich die Menschen im Lauf der Zeit viele Bräuche angeeignet – zum Beispiel auch das Silvesterfeuerwerk. In Gethles aber verteilen zu diesem Zweck die »Hollen« Gaben an Kinder, an das frische Leben. Aber eben nicht an alle: Nur wer artig war und ein Gedicht oder Lied parat hat, um die Dämonen zu besänftigen, bekommt Süßigkeiten, Mandarinen oder Nüsse geschenkt. Ungehorsame oder Kinder, die nichts aufsagen können, bekommen traditionell Peitschenhiebe als Strafe – davon wird heute jedoch abgesehen.

SEELENHÜTERIN In den Regionen Thüringens erzählt man sich unterschiedliche Geschichten zur Sagengestalt. In der Residenzstadt Gotha munkelt man, Frau Holle säße im Weißen Brunnen und hüte dort Kinderseelen bis zu deren Geburt. Nur ist vom Brunnen heute leider nichts mehr zu sehen, lediglich ein Gasthaus weist auf seine frühere Existenz hin. Geboren werden Kinder in Gotha vermutlich trotzdem noch. Das Bild der Holle im Brunnen findet sich jedoch auch im Grimm'schen Märchen: Dort ist der Brun-

Die Höhle schlängelt sich tief in den Berg – im Sommer kann man sie erkunden.

Am 23. Dezember machen die Hollen und ihre »Herrschekloese« Gethles unsicher.

nen das Tor zu ihrer Anderswelt. Was dem Frau-Holle-Glauben und seinen Dutzenden regionalen Ausprägungen zugrunde liegt, konnte bis heute nicht sicher geklärt werden. Doch die »mündliche Überlieferung, die Volksbräuche und etliche archäologische Befunde weisen in eine Richtung: In der mythischen Figur der Frau Holle hat eine jahrtausendalte indoeuropäische Göttin überlebt. Sie war die große Mutter Erde, die Herrin des Totenreichs, die Hüterin der ungeborenen Kinder und Wächterin der Spinnstuben«, erklärt der Mitteldeutsche Rundfunk.

Das besondere Erlebnis

Frau Holle soll aber nicht nur hinter Wettererscheinungen und mysteriösen Jagden stecken – auch eine Thüringer Spezialität ginge angeblich auf sie zurück. In Meiningen ist man sicher: Frau Holle schenkte den Thüringern im 19. Jahrhundert die beliebten Kartoffelklöße. Nachdem der Wein im Schlundhaus besonders sauer gewesen sei, habe die wütende Holle aus Zorn sämtliche Weinreben durch eisigen Nordwind erfrieren lassen. Aus Reue über ihre unbarmherzige Tat soll sie die besondere Zubereitungsart der Kartoffel preisgegeben haben. Dabei soll sie »Hüt' es« ins Ohr des Bürgermeisters geflüstert haben, weshalb man die Kartoffelkugeln in dieser Region auch »Hütes« nennt. Das Meininger Schlundhaus existiert bis heute und rühmt sich als der Ort, an dem die Thüringer Klöße das Licht der Welt erblickten. Aber auch andernorts schmecken die goldgelben Bällchen hervorragend. Belohnen Sie sich nach der Wanderung zum Versteck der Göttin mit dem deftigen Schmaus. Und vielleicht schicken auch Sie dabei ein euphorisches »Holla, die Waldfee« gen Himmel.

23

AUSGEBRANNT

Porzellanfabrik Lichte

Mit langer Tradition wurde Zierporzellan hergestellt, das durch viele Hände ging. Dabei hätte wohl niemand geahnt, dass die Manufaktur einmal das gleiche Schicksal ereilen würde – bis 2014 schließlich der Ofen und das letzte Licht erloschen.

Lichte, OT Neuhaus am Rennweg, Landkreis Sonneberg **Ort** Sonneberger Str. 75, 98739 Lichte **GPS** 50.504682, 11.145606 **Anfahrt** Mit der Bahn nach Neuhaus am Rennweg (RB-Strecke), weiter mit dem Bus bis zur Haltestelle »Lichte Konsum« oder mit dem Auto über die A73, Ausfahrt Eisfeld-Nord/Neuhaus am Rennweg/Sonneberg nehmen und der B281 folgen

Die Überreste der alten Porzellanfabrik begrüßen Reisende am Ortseingang.

Figuren aus Lichte standen hoch im Kurs, der Komplex wurde stetig erweitert.

DER LACK IST AB Schon der erste Anblick offenbart das traurige Schicksal dieser Hallen. Die Farbe bröckelt von der Fassade – und mit ihr verschwindet auch der Firmenname zusehends. Kaum vorstellbar, dass sich hinter diesen Mauern bis vor wenigen Jahren einer der ältesten Produzenten für Feinkeramik in Thüringen verbarg. Der Blick durch einige unverhangene Fenster und offene Tore auf der Gebäuderückseite liefert jedoch erneut den Beweis. Einige Produktionsreste sind zwischen den Schutthaufen und alten Möbeln noch erkennbar. Rundherum hat die Natur bereits begonnen, sich das Gelände zurückzuerobern. Besonders ein schmaler Verbindungsgang zwischen den Bauten lässt bereits nicht mehr tief blicken, denn hier wächst und gedeiht es. Umgeben ist das Grundstück von einem Bauzaun, der Eindringlinge fernhalten soll. Den Rest erledigen die neugierigen Blicke der Anwohner, die jedes fremde Gesicht im Ort sofort auf dem Radar zu haben scheinen. Schließlich wird auch dieser »Lost Place« nicht von Plünderungen verschont geblieben sein. Das würde zumindest erklären, warum hier alles nach fluchtartigem Verlassen aussieht. Und das, obwohl das endgültige Aus nach mehreren Besitzerwechseln und Insolvenzen nicht überraschend gekommen sein kann.

IN SCHERBEN Als 1822 die Herstellung des »Weißen Goldes« in Lichte seinen Anfang nahm, war das Geschäft noch vielversprechend. Über die Landesgrenzen hinaus waren die Porzellanfiguren beliebte Sammlerstücke. Auch als die künftige DDR-Regierung den Besitzer der Lichtener Werke 1948 enteignete, stand die Firma hoch im Kurs. Nicht umsonst gesellten sich im Lauf der Zeit immer neue Gebäude unterschiedlicher Baustile zum ursprünglichen Werk aus dem 19. Jahrhundert – kantige Blöcke, teilweise mit der für Südthüringen typischen Schieferverkleidung. An seiner Flanke gibt einer eben dieser Blöcke eine offene Tür preis, die trotz der Absperrung rundherum frei zugänglich ist. Über eine verwilderte Wiese folge ich dem kleinen Trampelpfad zum lockenden Eingang. Die Metalltür scheint gewaltsam herausgerissen worden

Der Hof ist schon wenige Jahre nach der Insolvenz vollständig verwildert.

zu sein. Sie hängt heute lose im Baum, der nebendran wächst. Die freie Sicht offenbart Metallrohre, eingestürzte Produktionsstätten und stapelweise Porzellan. Auf Paletten sind Materialien sogar noch eingeschweißt. Dazwischen jede Menge Staub und endlose Scherben. Nur Glück haben die scheinbar nicht gebracht. Auch wenn die hier produzierte Ware zu DDR-Zeiten größtenteils für Devisen an den Klassenfeind geliefert wurde, schien mit der Wende auch das Ende zumindest dieser Porzellanmacherei besiegelt gewesen zu sein. Als die früheren Besitzer den VEB schließlich zurückkauften, war die Nachfrage nicht mehr gegeben. Einige Mitarbeiter übernahmen den Betrieb, mussten aber auch Insolvenz anmelden.

THÜRINGER TRADITION Das gilt jedoch nicht für alle Manufakturen. Die bereits 1762 gegründete Älteste Volksstedter Porzellanmanufaktur in Rudolstadt heizte den Ofen für alle Nachkömmlinge vor. Dort ist man dem Handwerk bis heute treu geblieben. Auch in Kahla gelang letztlich der Weg in die Moderne trotz einiger Schwierigkeiten. »Hier hat sich in Thüringen eine Porzellanindustrie mit unwahrscheinlichem Potenzial entwickelt. Von hier aus ist es dann erst nach Bayern gegangen. […] Aber hier in Thüringen waren Tausende beschäftigt“, verrät Udo Dietrich, Ingenieur für Feinkeramik. Er selbst war lange in Rudolstadt tätig, machte aber von 1970 bis 1974 Halt in Lichte. Er gibt in erster Linie der veränderten Tisch- und Dekorationskultur die Schuld für das allmähliche Sterben seiner Zunft.

Das besondere Erlebnis

Seit 1999 führt die 340 Kilometer lange »Porzellanstraße« durch Thüringen und verbindet die Standorte der Manufakturen wie Kahla, Rudolstadt, Triptis und Leuchtenburg. Damit wird der langjährigen Tradition und dem Handwerk im Freistaat Ausdruck verliehen. Einmal im Jahr öffnen die Fabriken und Ateliers ihre Türen, um Interessierten ihre Kunst näher zu bringen. Ob moderne Fertigungsanlagen oder echte Handarbeit, ob hochwertiges Tafelgeschirr oder dekorative Figuren – das Erbe der Porzelliner lebt dort fort und strahlt weltweit aus (Info: www.thueringer-porzellan.de).

Im Schuppen zeigt sich, was übrig ist aus der Hochphase: ein Scherbenhaufen.

Hier begann die Liebe von Queen Victoria und Albert von Sachsen-Coburg & Gotha.

24

RAPUNZEL IM WOLFSTURM

Schloss Reinhardsbrunn

Es gilt als die Wiege Thüringens, war eine beliebte Sommerresidenz internationalen Hochadels, diente als DDR-Devisen-Hotel und wurde im wahrsten Sinn zum Märchenschloss. Doch wie so oft, ist auch hier nicht alles Gold, was glänzt – aber Bernstein könnte es schon sein.

Reinhardsbrunn, OT Friedrichroda, Landkreis Gotha **Ort** Reinhardsbrunn 05, 99894 Friedrichroda **GPS** 50.866401, 10.557641 **Anfahrt** Mit der Bahn nach Gotha (ICE/IC-Strecke) und weiter mit der Thüringerwaldbahn bis Reinhardsbrunner Teiche oder mit dem Auto über die A4 bis Ausfahrt Gotha-Boxberg, Richtung Schmalkalden/Tambach-Dietharz fahren und L1026 bis zum Ziel in Friedrichroda folgen

MÄRCHENSCHLOSS Wie ein verwunschenes Schloss im Dornröschenschlaf mutet es an. Hohe Gräser und Sträucher ringsherum dienen dem Anwesen als Sichtschutz, wenn die Bäume ihr Laub abwerfen. Ganz so komatös wie es im ersten Moment scheint, ist es jedoch gar nicht. Denn hier statuierte die Thüringer Landesregierung ein Exempel für den Denkmalschutz und die Pflege historischer Schätze: Nach vielen Jahren des Verfalls und fehlender Bemühungen seitens der Inhaber wurden die russischen Investoren nach längerem Gerichtsverfahren enteignet. Seither erwacht die Anlage langsam aus seinem Jahrzehnte andauernden Albtraum – die Bausubstanz wird gesichert, Innenräume sollen möglichst detailgetreu restauriert werden. Der herrschaftliche Park, der einst den Thüringer genau wie den internationalen Hochadel begeisterte, soll seinen früheren Charme zurückerhalten. Dafür herrscht auf dem Gelände ein reges Treiben. Bauarbeiter, Handwerker und immer wieder auch ungebetene Gäste, die sich Zutritt zum Park verschafft haben. Trotz Mauern und Zaun. Hausmeister und Mitglieder des Fördervereins haben alle Hände voll zu tun, die Eindringlinge vom Platz zu begleiten. Ein Blick in die Gebäude ist zum Zeitpunkt des Besuchs leider nicht möglich. Zu gefährlich. Aber auch von außen ist es ein so märchenhafter Ort, dass man ihn 1988 sogar als Kulisse für den DDR-Spielfilm »Rapunzel oder Der Zauber der Tränen« auserkor.

WOLFSTURM Dort, wo die junge Prinzessin im Film ihr Haar herunterließ, hätte zu Kriegsende jedoch ein anderer einziehen sollen. Das neugotische Schloss in prächtigster Naturidylle war tatsächlich als Führerhauptquartier mit dem Decknamen »Wolfsturm« weit weg von Berlin geplant. Was für Rapun-

In den 1850er-Jahren entstand ums Schloss herum ein herrschaftlicher Park.

zel ein Gefängnis war, sollte Hitlers Freiheit sichern. Dafür wollte der frühere Herzog von Sachsen-Coburg und Gotha, Carl Eduard, sorgen und bot sein Lustschloss als Ausweichquartier an. In den umliegenden Gegenden wurden bereits Bunker in die Berge getrieben, die als Verstecke und Kommandozentralen herhalten sollten. Hitler selbst schaffte es bekanntermaßen nicht mehr nach Thüringen – dafür aber einige seiner Schätze. In den letzten Kriegstagen sollen mehrfach ganze Trupps angerückt sein. Immer im Schutz der Dunkelheit. Kunstgüter, Raubgold und ominöse Kisten hätten sie dabeigehabt. Wurde hier etwa das lang vermisste, sagenumwobene Bernsteinzimmer versteckt? Zeugen wollen in den Kisten Bernstein entdeckt haben. Einige Stücke hätten sie sogar selbst gefunden, nachdem eine Kiste mit der wertvollen Fracht zu Bruch gegangen sei. Danach gesucht haben viele. Gegraben auch. Nur Beweise hat man bis heute nicht gefunden. Vermutlich war Reinhardsbrunn nur eine Station von vielen auf dem Weg zu seinem endgültigen Versteck.

HINGERICHTET Doch dabei handelt es sich nicht um das einzige düstere Kapitel auf diesem Grund und Boden. Bevor das Schloss zwischen 1601 und 1706 auf- und immer weiter ausgebaut wurde, stand hier ein Benediktinerkloster. Gegründet wurde es 1085

↓ Kloster Reinhardsbrunn diente als Grablege des Adelsgeschlechts der Ludowinger.

↘ Die Efeuranken unterstreichen den Märchencharakter des Schlosses.

Seine verworrenen Äste lassen den alten Baum wie verwunschen wirken.

durch den Thüringer Landgrafen »Ludwig der Springer«, ein Ludowinger. Es wurde zum Hauskloster und zur Beisetzungsstätte des Adelsgeschlechts. Weil es sich dabei um eines der ersten Klöster in Thüringen überhaupt handelte, lässt sich unbestritten festhalten, dass hier die religiösen und weltlichen Wurzeln des Freistaates liegen. Aber auch ein spiritueller Ort wie dieser ist nicht vor dunklen Schatten gefeit. Im Zuge von Martin Luthers Reformation des christlichen Glaubens, kristallisierten sich stark diversifizierte Überzeugungen heraus. Eine Gruppierung davon: die Täufer. Sie forderten zum offiziellen Glaubensbekenntnis eine Erwachsenentaufe und können als die Vorfahren von Mennoniten oder Baptisten angesehen werden. 1530 wurde das Kloster Reinhardsbrunn Schauplatz eines Skandals: Neun Täufer wurden hier festgehalten und verhört. Sechs von ihnen waren nicht bereit, ihrem Glauben abzuschwören und mussten dafür mit ihrem Leben bezahlen. Damit waren sie die Ersten, die allein aufgrund ihres Glaubens unter der reformatorischen Herrschaft hingerichtet wurden. Vielleicht sind es ja ihre Geister, die bis heute in Schloss und Park ihr Unwesen treiben?

Das besondere Erlebnis

Während das Schlossgelände weiterhin saniert wird, ist es nur im Rahmen von Parkführungen zugänglich. Durchgeführt werden sie von Frühjahr bis Herbst vom Verein Kirche und Tourismus, der damit an die geistigen Wurzeln von Reinhardsbrunn anzuknüpfen versucht (Kontakt via www.schloss-reinhardsbrunn.de)

25

DER LACK IST AB

Die Villa Brüderlein

Die Söhne des Pößnecker Lederkönigs ließen im Jahr 1907 eine prachtvolle Jugendstilvilla auf dem Firmengelände erbauen. Statt an feinstes Lackleder erinnert sie heute jedoch eher an den Schauplatz eines Krimis.

Pößneck, Landkreis Saale-Orla-Kreis **Ort** Saalfelder Str. 34, 07381 Pößneck **GPS** 50.693812, 11.582812 **Anfahrt** Mit der Bahn nach Pößneck (RE/RB Gera–Saalfeld (Saale) oder Jena–Pößneck) oder mit dem Auto über die A9, bei der Ausfahrt Triptis abfahren und der B281 bis Pößneck folgen. Die Villa befindet sich direkt an der vielbefahrenen Hauptstraße.

Nicht so »lost« wie es scheint: Das Gelände gehört inzwischen der Stadt.

DAS VERMÄCHTNIS DES LEDERKÖNIGS

Das traurige Schicksal dieses beeindruckenden Gebäudes wird schon von der anderen Straßenseite aus sichtbar. Es fehlen Fenster, notdürftig sind sie mit Spanplatten abgedeckt. Die bröckelnde Fassade offenbart das darunterliegende Mauerwerk. Die typische Schieferverkleidung am oberen Geschoss wirkt verwittert und unvollständig. Der Vorgarten ist verwildert, das Tor verrostet. Der Zaun musste wohl schon einige seiner Latten einbüßen. Die einst so charmante Villa hat sich im Lauf der Jahre eher zu einer grauen Maus entwickelt. Denn obwohl sie bis an die vielbefahrene Bundesstraße heranragt, scheint kaum jemand von ihr Notiz zu nehmen. Anders erging es dem Firmengründer Emil Brüderlein, der 1864 als einer von vielen Textilfabrikanten in Pößneck startete. Aufgrund seines Muts und einer großen Vision erarbeitete er sich schnell internationale Anerkennung – und noch vor seinem Tod 1901 den Titel als »Pößnecker Lederkönig«. Er entwickelte das Schnellgerbverfahren, das die Herstellungszeit von Oberleder erheblich reduzierte. Brüderlein produzierte nur mit feinstem Rinds- und Schafsleder (zu dieser Zeit wurden üblicherweise Schweinshäute verwendet). Und er etablierte Lackleder in Deutschland. Das Gerberhandwerk und die

↓ Efeuranken legen ihre Schlingen um die Stufen im Eingangsbereich.

↘ Davor wächst und gedeiht ein kleiner Dschungel auf dem Grundstück.

↑ Im aufziehenden Gewitter kommt der gläserne Wintergarten perfekt zur Geltung.
↗ Der Anblick des Eingangsbereichs lässt Schaulustige erschauern.

Kurz nach der Wende wurde vieles auf dem Gelände abgerissen – die Villa blieb.

Textilfabrikation galten zwar schon ab dem Mittelalter als wichtigste Wirtschaftszweige in Pößneck. Brüderlein und seine Zeitgenossen trugen jedoch mit ihrem Erfolg dazu bei, dass sich die Thüringer Kleinstadt bis Ende des 19. Jahrhunderts zu einem der bedeutendsten Industriestandorte des damaligen Herzogtums Sachsen-Meiningen entwickelte.

ZÄH WIE LEDER Wie so oft, brachte die Wiedervereinigung auch in Pößneck das Aus für viele Unternehmen – darunter auch der VEB Lederwerke Einheit, wie die Fabrik nach der Verstaatlichung 1954 ironischerweise hieß. Ob sich hier ein kleiner Scherz erlaubt oder eine vage Vorahnung verarbeitet wurde, ist nicht bekannt. Zur Jahrtausendwende standen die Maschinen gerade einmal wenige Jahre still, da wurden bereits die ersten Gebäude auf dem Firmengelände abgerissen. Nur die Villa von Arno und Emil Junior blieb leer zurück. Ihre schmiedeeisernen Fenstergitter und Balkonbrüstungen sowie die filigranen Fenstersprossen verleihen dem Anblick etwas Dramatisches. Der sich immer mehr zuziehende Himmel unterstreicht diesen Effekt, denn es scheint, als braue sich ein Unwetter zusammen. Rechts neben dem Gebäude führt eine Einfahrt auf das Gelände und offenbart nicht nur die Seitenansicht der Villa, sondern auch einige Industriebauten, die bisher von der Abrissbirne verschont geblieben sind. In ihnen proben heute Bands, tiefer im Komplex haben sich ein Futtermittelbetrieb sowie ein Zeltverleih angesiedelt. Seit Ende 2021 ist das gesamte Grundstück inklusive der Villa und des alten Werkshofes wieder im Besitz der Stadt Pößneck, die eine aufwendige Sanierung der Außenfassade plant. So soll das Gebäude pünktlich zur Landesgartenschau 2028 wieder in seinem alten Glanz erstrahlen.

Das besondere Erlebnis

Bis heute verfügt Pößneck über einen beeindruckenden Bestand von rund 50 Fabrikantenvillen aus dem 19. und 20. Jahrhundert. Auf dem oberen Friedhof des Ortes finden sich zudem die Ruhestätten der ehemaligen Fabrikantenfamilien. Einen Rundgang zu den 22 eindrucksvollsten Häusern und Gruften hat die Stadt zusammengestellt, samt Lageplan und Hintergrundinformationen. Erhältlich sind die Broschüren in der Stadtinformation (Info: www.poessneck.de/themenrouten.html).

Manche Gebäude erhielten auch neue Bestimmungen, z. B. als Probenraum für Bands.

Zwei bunt bemalte Kolosse aus Stahl stehen verlassen auf dem Feld.

26

AUSRANGIERT

Die Rangierloks von Pfiffelbach

Jahrzehntelang beförderten die Lokomotiven unzählige Zugwaggons im Bahnhof von A nach B, bevor sie selbst aufs Abstellgleis gerieten. Ihre letzte Ruhestätte fanden sie mitsamt Gleisteilen fernab ihres ehemaligen Einsatzortes.

Pfiffelbach, Ilmtal-Weinstraße, Landkreis Weimarer Land **Ort** Weimarer Straße, 99510 Pfiffelbach **GPS** 51.058785, 11.434653 **Anfahrt** Mit der Bahn nach Weimar Hauptbahnhof (RB/RE-Strecke Weimar–Gera), weiter mit dem Bus bis zur Haltestelle »Pfiffelbach Regelschule« oder mit dem Auto über die A4, Ausfahrt Apolda nehmen und B87 in Richtung Apolda/Bad Sulza folgen, bei Schwabsdorf links weiter auf die K102

VERFRACHTET Auf einem Feld am Ortsrand stehen sie, angrenzend an Wohnblocks, Spielplatz und Schule. Scheinbar mühelos fügen sich die Maschinen ins Dorfidyll ein – dabei ist gar nicht ganz klar, wie sie hier eigentlich gelandet sind. Schließlich waren sie für die »Vereinigten Betonwerke Suhl, Sitz Themar«, also im Süden Thüringens, im Einsatz. Der Weg hier in den Norden nach Pfiffelbach dürfte wohl ihre größte Reise gewesen sein. Meist blieben die Zugmaschinen im heimischen Bahnhof und brachten dort Waggons auf die Spur – das bestätigt auch der Schriftzug an der Längsseite der Lok. In fast vollständig verblassten Lettern steht hier geschrieben: »Auf den Gleisen des Bf. Themar zugelassen«. Ringsherum ein farbenfrohes Allerlei aus Graffiti und Rost. Gemeinsam schaffen sie ein interessantes Gesamtkunstwerk, das sich auch beim Blick ins Innere fortsetzt: Schutt, Scherben und Rost zeichnen die Mischung aus natürlichem Verfall und mutwilliger Zerstörung der beiden Schwergewichte.

AUF DER STRECKE GEBLIEBEN Dass sie einmal hier landen würden, hätte zum Zeitpunkt ihrer Auslieferung Mitte der 1970er-Jahre wohl niemand geahnt. Doch mit dem Aussterben vieler volkseigener Betriebe der DDR nach der Wiedervereinigung hatte auch das letzte Stündlein der zwei Kleinloks der Marke Lokomotivbau Karl Marx Babelsberg (LKM) geschlagen. Heute lässt die Selbstverständlichkeit, mit der die zwei Zugmaschinen auf dem Pfiffelbacher Acker stehen, Betrachtende unweigerlich mit dem Kopf schütteln. Denn es ist schon ein skurriler Anblick, zwei Loks in freier Wildbahn, ohne Oberleitungen, ohne Schienennetz, ohne Bahnhof weit und breit. Zwischen Büschen und Sträuchern, im hohen Gras, offenbaren sich dann doch einige Gleisfragmente – zum Teil unter den Rädern der Loks, zum Teil aufgestapelt im Gestrüpp nebendran. Es scheint, als sei hier einmal eine Bahnstrecke entlanggelaufen, doch dafür lassen sich außerhalb des abgesteckten Bereichs keinerlei Hinweise entdecken. Die kurze Trasse ist nur locker verlegt und wird vermutlich nur vom Gewicht der Loks an Ort und Stelle gehalten.

AUS DER BAHN GEWORFEN Der bedeckte Himmel verstärkt die winterlich frühe Dämmerung und taucht die Szenerie in blau-gräuliches Licht. Im Schein der Straßenlaternen und des Dämmerlichts verändert sich auch die Wirkung der Fahrzeuge – was eben noch wie ein spannender Industriespielplatz für erwachsene Entdecker erschien, entwickelt in Windeseile einen bedrohlicheren Charakter. Eisiger Novemberwind pfeift lautstark über den Acker und durch die offenen Türen der zwei Ungetüme aus Stahl. Man fühlt sich plötzlich wie ein ungebetener Gast, der ihre wohlverdiente Ruhe stört. Ein paar Schritte zurück durch Gestrüpp und aufgeweichte Erde, dann bin ich wieder im Hier und Jetzt des Dorfes angekommen.

Das besondere Erlebnis

Eisenbahninteressierte kommen auch bei Remptendorf in Südthüringen auf ihre Kosten – dort, wo sich in schwindelerregender Höhe die Ziemestalbrücke über das Tal spannt. Sie erzählt die Geschichte der Industrialisierung, von beeindruckender Baukunst und von in Vergessenheit geratenen Schätzen, die genau vor unserer Haustür schlummern (Kapitel 30).

Fehlende Fenster und Türen lassen den Wind lautstark durch die Lok pfeifen.

27

DER VERBOTENE WALD

Die Geheimnisse vom Leinawald

1994 verließen die letzten russischen Soldaten Ostdeutschland. Zurück ließen sie zerfallene Kasernen, unbrauchbare Truppenübungsgelände und geheime Lagerbunker – wie hier im Wald bei Altenburg. Doch das sind längst nicht alle Geheimnisse, die in diesem Forst verborgen liegen.

Leinawald, Langenleuba-Niederhain, Altenburger Land **Ort** Leinawald, 04618 Langenleuba-Niederhain **GPS** 50.971938, 12.535266 **Anfahrt** Mit der Bahn nach Altenburg (RE/S-Strecke Zeitz–Altenburg) und weiter mit dem Bus nach Lohma (Langenleuba) und von dort zu Fuß weiter oder mit dem Auto über die A72 bis zur Ausfahrt Leipziger Straße, der Beschilderung Richtung Flugplatz Altenburg-Nobitz folgen und in der Peniger Straße am Waldrand parken. Der Rest des Weges ist nur zu Fuß möglich.

Von hier aus steuerten die russischen Truppen den Flugplatz Nobitz.

SPERRGEBIET Um diesen auf die Spur zu kommen, geht es direkt in den Wald. Es ist stürmisch, als ich unweit des Flugplatzes in den kleinen Weg einbiege. Abgesehen vom Rascheln der Bäume und dem Pfeifen des Windes ist es still hier. Zu Fuß geht es über matschige Pfade immer tiefer in den Wald. An einer Kreuzung angelangt, verändert sich der Weg auf einmal. Unter Schotter und Schlamm weisen Betonplatten klar darauf hin, dass dieser Abschnitt nicht nur für Förster und Ausflügler konzipiert wurde. Vom schmalen Weg mitten im Wald zweigt nämlich plötzlich eine breitere Straße ab – hier sind die Bodenplatten noch sehr deutlich als solche zu erkennen. Kein Morast, der sie unter sich begräbt. Die Bäume sind großflächiger abgeholzt. Eine weite betonierte Freifläche scheint eine Art Treffpunkt oder Umschlagplatz zu sein. Doch wofür? Wie so oft, wenn eine Gegend als Sperrzone erklärt wird, ranken sich mit der Zeit Mythen und Gerüchte darum. Zwar handelt es sich dabei oft um bloße Spekulation, nicht belegbare Märchen. Im Leinawald haben sich jedoch einige von ihnen als wahr herausgestellt.

IM VERBORGENEN Denn während selbst ausländische Geheimdienste nie wirklich Gewissheit darüber hatten, welche geheimen Machenschaften sich hier zutrugen, ist klar: Es gab sie. Erst seit den 1990er-Jahren kommt etwas Licht ins Dunkel. Vorher waren weite Teile des Waldes für die Bevölkerung gar nicht zugänglich – die Rote Armee nutzte sie als Stützpunkt. Alles war nahezu hermetisch abgeriegelt. Betreten strengstens verboten. Wer sich darüber hinwegzusetzen versuchte, musste damit rechnen, dass auf ihn geschossen wurde. In mehreren Wellen entstanden im Lauf der Jahre also Baracken, Exerzierplätze und Gemeinschaftsgebäude am Waldrand. Nobitz mauserte sich schnell zur wichtigsten Luftwaffenbasis der sowjetischen Truppen. Von hier hätten Kampfflugzeuge in kürzester Zeit eine tödliche Last nach Westeuropa tragen können. Während des Kalten Krieges durchaus entscheidend, schließlich war man immer nur eine Entscheidung von einem heißen Krieg entfernt. Und bei einem Schlagabtausch wäre es letztlich auf jede Sekunde angekommen. Als sich der Ost-West-Konflikt weiter zuspitzte, begann im Leinawald der Bunkerbau. Sowjetische Akten sprachen von insgesamt vier Bunkern, die gut getarnt im Wald versteckt lagen. In zweien sollen Luft-Boden-Raketen gelagert gewesen sein. Die beiden anderen Bunker, jeweils etwa 36 Meter lang und 13 Meter breit, versteckten den Tod in millionenfacher Ausführung. In den zweigeschossigen Hallen sollen sich Schätzungen

Der geheime Atomwaffenbunker wurde gesprengt und der Zugang verschüttet.

zufolge bis zu 20 Atomsprengköpfe und Zünder befunden haben. Perfekt klimatisiert. In Anlagen, die für das Überleben in einer autark funktionierenden Welt geschaffen wurden. Verborgen vor der nichts ahnenden Zivilbevölkerung – genau wie an rund 30 anderen Standorten in Ostdeutschland.

RÜCKZUG Die Bunker der UdSSR befanden sich genau an dieser auffälligen Freifläche im Leinawald. Zwei etwas unnatürlich wirkende Hügel machen neugierig. Um sie herum verlaufen weitere gepflasterte Wege – ein Indiz, dass es sich dabei um die gesuchten »Sonderlager« handeln könnte. Mit einigem Klettern und einem wachsamen Auge lassen sich mehr und mehr Hinterlassenschaften der militärischen Nutzung entdecken. Kabel, die unvermittelt aus dem Boden ragen. Randsteine aus Beton, die entlang des Hügels gesetzt wurden. Haufenweise Ziegel, die mit anderem Schutt abgeladen wurden. Dazwischen zeigt sich immer mal ein Stück rostiges Metall. Da sind Öffnungen, die hinunter in den Bunker geführt haben müssen, frühere Luftschächte vielleicht. Am Hang entdecke ich endlich den Eingang. Doch er ist versperrt. Bis auf wenige Zentimeter zugeschüttet. Einen Blick in die geheimen »Sonderlager« zu werfen, ist heute also leider nicht mehr möglich. Wie viele Sprengköpfe hier genau auf den Tag X warteten, ist nicht bekannt. Nach der Wiedervereinigung und dem Truppenabzug 1994 wurden die Lager jedenfalls leer übergeben. Direkt unter den Augen der westlichen Geheimdienste transportierten die sowjetischen Truppen die brisante Ladung ab – gesplittet auf Züge, Flugzeuge, Autos. Immer gut getarnt in unauffälligen Containern. Die cleveren Täuschungsmanöver seitens der Russen lassen die Geheimdienste bis heute im Dunkeln tappen.

Porträt eines Soldaten am Exerzierplatz der sowjetischen Besatzer.

SCHATZSUCHE Doch auch vor der russischen Beschlagnahmung dieser Gebiete barg der Wald so manches Geheimnis. Schatzsuchende vermuten, dass die Nationalsozialisten eine unterirdische Grabkammer planten. Schließlich war auch für sie der Flugplatz von zentralem Interesse. Schon 1933 gab es konkrete Bebauungspläne dafür. Unter dem Decknamen »Alpendohle« wurde die Fliegerhorstkommandantur neu aufgestellt und erweitert. Es entstanden Unterkünfte, Flugzeughallen und sogar ein Casino. Im Schatten der Nacht hätte also alles Mögliche hier ankommen und im Wald verschwinden können – inklusive aller Schätze der Nazis. Sogar Hendrik Läbe, Bürgermeister von Nobitz, glaubt, dass sich hier noch einige davon finden lassen. »Das Altenburger Land sitzt auf einem großen Schatz. Kulturgüter. Kunstgüter. Gold«, mutmaßte er in einem

Wer genau hinsieht, findet überall im Leinawald Überreste militärischer Nutzung.

Interview mit Deutschlandfunk. Er selbst gehe seit vielen Jahren auf Spurensuche. Dass sich hier tatsächlich etwas im Verborgenen abgespielt haben muss, bestätigten mehrere Funde von Massengräbern mit den Leichen Kriegsgefangener. Waren sie hergebracht worden, um den Waldboden zu unterhöhlen und eine überdimensionale Grabkammer für Adolf Hitler zu errichten? So zumindest lautet die Theorie von Hilmar Prosche, Hobby-Forscher im Leinawald. Er und viele andere sind sich sicher: Das verschollene Bernsteinzimmer war als Grabbeigabe geplant und liegt im Leinawald versteckt. Auch die Staatssicherheit der DDR glaubte offenbar, dass an der Geschichte etwas Wahres dran sein könnte. Außerhalb des Sperrgebiets der Roten Armee erkundeten auch sie das Gelände auf der Suche nach verborgenen Höhlen und geheimen Schatzkammern. Irgendwann kam das Vorhaben zum Stocken. Warum? Das weiß heute keiner. »Aber der Leinawald ist groß. Der hat noch viele Geheimnisse«, ist Hendrik Läbe überzeugt. Vielleicht entschlüsseln Sie ja das nächste?

Das besondere Erlebnis

Tauchen Sie noch tiefer ein in das Mysterium Leinawald und gehen Sie selbst auf die Jagd nach dem Bernsteinzimmer. Liegt es hier tief unter dem Forst vergraben? Sollte es wirklich als Grabbeigabe für Adolf Hitler dienen? Und kann sich tatsächlich ein riesiger Kuppelbau im Bau befunden haben? Nach Jahrzehnten der Forschung hat Hilmar Prosche seine Theorien und Indizien spannend aufbereitet und stellt sie Interessierten online zur Verfügung. Die perfekte Lektüre vor jedem Besuch im verbotenen Wald Thüringens (Info: www.grabkammer-leinawald.de).

Hinter großen Fensterfronten hofften Tuberkulose-Patienten auf Heilung.

28

IN DER GRUSELKLINIK

Sophienheilstätte Bad Berka

Krankheit, Angst und Tod waren in München bei Bad Berka allgegenwärtig. Hunderte Menschen ließen in der Sophienheilstätte im Lauf der Zeit ihr Leben. Verschwunden sind die »Schwindsüchtigen« wohl nicht – bis heute munkelt man, dass ihre Geister hier rastlos umherziehen.

Bad Berka, Landkreis Weimarer Land **Ort** Adolf-Tegtmeier-Allee 12, 99438 Bad Berka **GPS** 50.874553, 11.255622 **Anfahrt** Mit der Bahn nach München (Bad Berka) (RB-Strecke Weimar–Kranichfeld) oder mit dem Auto über die A4, Ausfahrt Weimar, dann in Richtung Weimar/Rudolstadt/Bad Berka/Gelmeroda fahren, Legefelder Hauptstraße und B87 bis Adolf-Tegtmeier-Allee in Bad Berka nehmen

WALDBAD Außerhalb von Bad Berka, abgelegen auf einem Hügel und umgeben von Bäumen, liegt die Ruine der Sophienheilstätte. Der Weg hierher führt entweder zu Fuß durch den Wald oder über eine marode kleine Straße, die von Schlaglöchern zusammengehalten wird. Dieser Standort wurde Ende des 19. Jahrhunderts gewählt, da sich reguläre Kurgäste von Bad Berka mit steigender Zahl der Tuberkulose-Infizierten im Ort zunehmend unwohl fühlten. Während die Patienten und Patientinnen noch weit bis ins 20. Jahrhundert wie Aussätzige behandelt wurden, lebt man heute in unmittelbarer Nähe zur einstigen »Hustenburg«. Einfamilienhäuser und Wohnblöcke gibt es ringsherum. Und am anderen Ende des Waldwegs liegt die Zentralklinik Bad Berka, der die Sophienheilstätte erst das Leben schenkte – und dann selbst ihr Leben ließ. Heute wirkt der mächtige Komplex aus Fachwerk und Fenstern gespenstisch. Die Scheiben im Erdgeschoss sind vollständig mit Brettern vernagelt. Zu groß war scheinbar die Angst vor Vandalismus und weiteren Brandstiftungen. Denn auf dem Gelände kam es häufiger zu Bränden in kleineren Gebäudebereichen. Die Fenster der oberen Stockwerke, die aus Platzmangel schon kurz nach der Eröffnung der Klinik aufgesetzt wurden, lassen das Licht herein – aber auch Wind, Wasser und werweiß-was-noch. Denn die meisten von ihnen stehen offen.

AUSKURIERT Kaum auszumalen, dass diese Fenster mal einen großen Teil zur Genesung der Pfleglinge beitragen sollten. In der Entstehungszeit der Sophienheilstätte 1898 gab es noch kein anderes probates Mittel zur Heilung von Tuberkulose als eine Liegekur. Hauptbestandteil? Klar, liegen – aber eben an der frischen Berkaer Waldluft. Dafür fin-

Die Natur erobert sich mit der Zeit Gelände und Gebäude einfach zurück.

Hinter unscheinbaren Glasbausteinen verbarg sich ein Schwimmbad.

den sich im Gebäude sogenannte »Liegehallen«, in denen die Patienten stundenlang ruhig liegen mussten. Lesen, reden, aufstehen? Fehlanzeige. Kleine Ewigkeiten harrten sie in Decken gehüllt regungslos aus. Große, dreiteilige Fensterfronten konnten für maximale Licht- und Frischluftzufuhr vollständig geöffnet werden. Viel Ruhe, penibelste Hygiene, gesunde und vor allem reichlich Ernährung waren bis weit ins 20. Jahrhundert die gängige Behandlungsmethode. In frühen Krankheitsphasen standen die Chancen auf Genesung so recht gut. Aufgenommen wurden deshalb auch nur Erkrankte, deren Symptomatik noch nicht weit fortgeschritten war. Litt jemand bereits unter Fieber, bekam er hier keinen Platz. Das erklärte Ziel lautete: zügige Wiederherstellung der Arbeitsfähigkeit. Nach dem Zeitzeugenbericht von Moritz Bromme, der in seinem Buch »Lebensgeschichte eines modernen Fabrikarbeiters« von 1905 seine Erfahrungen in Bad Berka niederschrieb, hatten die Patienten strenge Regeln zu befolgen. Der Tagesablauf war bis ins Kleinste durchgeplant. Spaziergänge zwischen dem ersten und zweiten Frühstück, Liegekuren, Mahlzeiten. Überall hatten sie ihre Taschenspuckflasche, auch »Blauer Heinrich« genannt, mithinzunehmen, jeglichen Auswurf darin aufzufangen und direkt zu entleeren. »Abbrausen« stand zwei Mal täglich auf dem Programm, die Kleidung wurde mehrfach gewechselt. Und das in einer Zeit, in der üblicherweise vielleicht einmal pro Woche geduscht wurde. Wer mit Maßnahmen nicht einverstanden war oder sich nicht an die Regeln hielt, flog gnadenlos raus. Die Liste der Antragsteller war schließlich lang genug.

Lange war die Sophienheilstätte eine Vorzeigeklinik, heute lockt sie Neugierige.

DER WEISSE TOD, DIE MOTTEN ODER SCHWINDSUCHT Wie auch immer man die Tuberkulose nennen mochte, sie war allgegenwärtig. Die Industrialisierung hatte auch in Thüringen immer mehr junge Menschen in die Städte gezogen. Vielköpfige Familien lebten auf engstem Raum, vermieteten freie Betten sogar unter. Hygienische Standards? Gab es nicht. Genauso wenig wie gesunde Ernährung. Die Zustände im 19. und Anfang des 20. Jahrhunderts boten die ideale Brutstätte für eine Volksseuche wie die Tuberkulose. Laut einer Preußischen Statistik war 1880 sogar jeder zweite Todesfall in der Altersgruppe von 15 bis 40 Jahren auf die Krankheit zurückzuführen. Infizierte wurden meist blass und schmächtig, ihre Lungen löchrig wie Kleidung bei Mottenbefall. Schmerzen, Atemnot und blutiger Auswurf waren die Folge. Wer jetzt denkt, dass nur die Arbeiterklasse der Krankheit zum Opfer fiel, liegt falsch. Sie sei ein Leiden empfindsamer Seelen, sagte man ihr nach. Die tödliche Lungenkrankheit wurde romantisiert, weil Künstler wie Kafka, Schiller, Chopin oder Camus an ihr litten. Opern und Romane wurden über sie geschrieben. Doch romantisch war daran nichts. Aufgrund des rasanten Anstiegs der Fallzahlen während der Industrialisierung eröffneten deutschlandweit Sanatorien für »Schwindsüchtige«. Die Sophienheilstätte war also eine von vielen – und doch besonders. Sie entwickelte sich schon früh in ihren knapp 100 Jahren Medizingeschichte zur Vorzeigeklinik. Eine Stellung, die sie dank findiger und mutiger Leiter wie Adolf Tegtmeier lange innehaben würde. 1882 war es Robert Koch zwar gelungen, den Erreger der Tuberkulose zu identifizieren. Doch erst das Röntgengerät, das auch Adolf Tegtmeier für die Sophienheilstätte anschaffte, brachte den Durchbruch in der eigentlichen Behandlung. Unter seiner Leitung entwickelte sich die Klinik zur führenden thoraxchirurgischen Einrichtung. Der Komplex wurde stetig erweitert – und bot letztlich Platz für bis zu 200 Patienten.

KLINISCH TOT Bis heute ist die Sophienheilstätte eines der größten Fachwerkhäuser Europas … und eine Ruine. Vor und hinter

Viel frische Luft: früher zu Therapiezwecken eingesetzt, heute unvermeidlich.

↑ Die Sophienheilstätte ist das größte noch erhaltene Fachwerkhaus Europas.
↗ Doch leider kommt es immer wieder zu mysteriösen Bränden in der alten Klinik.

dem Haupthaus wuchern Gräser und Sträucher unkontrolliert. Dabei handelte es sich hier früher um eine wunderschöne Kurparkanlage, gepflegt und sauber. Der Boden ist matschig von schmelzendem Schnee. Scherben knirschen unter den Schuhsohlen. Kalter Wind bläst mir ins Gesicht, während ich über all die armen Seelen grübele, die es leider nicht zurück ins Leben geschafft haben. Bäume knarzen. Irgendwo lässt der Wind ein Fenster quietschen – oder sind es doch die Klinikgeister? Der bloße Gedanke jagt mir einen kalten Schauer den Rücken hinunter. Überall tropft und plätschert es. Wo immer eine Öffnung zum Inneren der Klinik auftaucht, strömt mir modriger Geruch entgegen. Das Fachwerk ist feucht und der Verfall auch von außen deutlich erkennbar. Als in den 1960er-Jahren die Bedrohung durch Tuberkulose abnahm, änderte man den Schwerpunkt der Klinik von Thoraxchirurgie zu einem Herz-Kreislauf-Zentrum, später dann zur Urologie. Diese Wechsel überstand die Sophienheilstätte weitgehend unbeschadet. Mit der politischen Wende stand auch für die frühere Vorzeigeklinik der nächste Umbruch an. Die Fachklinik wurde an einen anderen Ort verlegt und die Heilstätte hatte ausgedient. Seit 1994 stand sie leer. Inzwischen gibt es ein neues Nutzungskonzept für die ehemalige »Hustenburg«: Führungen, Partys und Familienevents sollen Geld für den Erhalt bringen.

Das besondere Erlebnis

Regelmäßig finden geführte Touren über das Klinikgelände und durch die alten Räumlichkeiten statt, die einen legalen Zutritt ermöglichen. Entdecken Sie den morbiden Charme der leergeräumten Hallen und Flure – und gehen Sie einfach selbst mal auf Geisterjagd in der Gruselklinik (Info: https://sophienheilstaette.com/#ticket).

29

GEOPFERT

Opfermoor Niederdorla

Ein unscheinbarer See am Mittelpunkt Deutschlands, denkt man. Doch ganz so unschuldig, wie es auf den ersten Blick scheint, ist dieses Gewässer gar nicht – denn in ihm wurden immer wieder auch menschliche Überreste entdeckt.

Niederdorla, Unstrut-Hainich-Kreis **Ort** Schleifweg 11, OT Niederdorla, 99986 Vogtei **GPS** 51.162687, 10.448438 **Anfahrt** Mit dem Zug bis nach Mühlhausen/Thür. (RE-Strecke Gotha–Leinefelde) und weiter mit dem Bus in die Vogtei oder mit dem Auto z. B. über die A4, Ausfahrt Eisenach-West Richtung Mühlhausen/Bad Langensalza/Mihla nehmen, dann der L1016 und der Beschilderung zum Opfermoor folgen

Moor und rekonstruierte germanische Siedlung in der Morgendämmerung.

Tier- oder Menschenopfer waren feste Bestandteile heidnischer Götterrituale.

DAS GEHEIMNIS DES MOORES Die Sonne geht gerade auf, Wolken spiegeln sich im Wasser. Das Gebiet ist flach, sodass der Wind ungebremst über die kargen Felder und hohen Schilfbänke hinwegfegen kann. Dahinter liegt das, was aussieht wie ein einfacher See. Bisher deutet nichts auf die düstere Vergangenheit dieses ruhigen Fleckchens hin. Dennoch machten Arbeiter in den 1950er-Jahren die ersten Entdeckungen: Keramik und … Knochen. Damit hatte wohl niemand gerechnet, als einige Jahre zuvor der erste Spatenstich zum Torfabbau gesetzt wurde. Daraufhin führten Forschende zwischen 1957 und 1964 weitere Grabungen durch, um dem Geheimnis des Sumpfes im wahrsten Sinn auf den Grund zu gehen. Erst dadurch erhielt der See seine heutige Größe und Form. Im Lauf der Zeit entdeckten Archäologen insgesamt etwa 80 Heiligtümer, deren älteste Stücke bis in die Eisenzeit (6.–7. Jahrhundert v. Chr.) zurückreichen. Andere Funde konnten auf das frühe Mittelalter datiert werden.

OPFERRITUALE Das Moor macht auch an diesem Tag seinem Namen alle Ehre. Denn an kalten, nassen Wintertagen ist der Boden besonders feucht. Jetzt ist Vorsicht geboten. Im Schlick versinken die Schuhe schnell und machen den Weg beschwerlich. Über eine kleine Holzbrücke und durch ein Drehkreuz führt der Weg auf das Gelände der germanischen Siedlung aus der römischen Kaiserzeit. Sie wurde am Ufer des Sees rekonstruiert, auf Basis von in der Nähe entdeckten Fundamenten. Gerade die Nutzung als Kultplatz und Opferstätte für heidnische Gottesdienste verleiht dem Ort einen mystischen Charakter. Im Lauf dieser 1000 Jahre andauernden Anbetung veränderten sich die sakralen Bauten. Aufgrund der unterschiedlichen Einflüsse und weit verstreuter Herkunft der Hinterlassenschaften, lässt sich auf eine überregionale Bedeutung dieses Moores schließen. Klar ist jedoch: Sowohl Tiere als auch Menschen wurden im Rahmen der Gottesanbetung geopfert. Aus unterschiedlichen Epochen existieren Pfahlidole (für eine männliche Gottheit) oder aus Ruten geformte Schiffsheiligtümer (für weibliche Gottheiten), die entweder mit Rinderopfern, Pferdeköpfen oder menschlichen Schädeln versehen wurden. Auch die Christianisierung bedeutete nicht direkt das Aus für den heidnischen Kultplatz im heutigen Niederdorla. Die jüngsten Gefäße, die aus den Torfschichten geborgen werden konnten, gehen auf das 10. bzw. 11. Jahrhundert zurück. Die darin enthaltenen Hundeknochen lassen darauf schließen, dass bis zu diesem Zeitpunkt am sakralen Opferkult festgehalten wurde.

Das besondere Erlebnis

Im Museum des Opfermoors sind viele der Fundstücke für Besucher ausgestellt. Perfekt nach dem Erkunden des Freilichtmuseums schon im Morgengrauen. Der See strahlt dann eine noch gespenstischere Ruhe aus. Der Besuch ist dank einer Drehtür, für die nur ein Eintritts-Chip benötigt wird, auch außerhalb der Öffnungszeiten des Museums möglich. Aber Achtung, je nach Wetterlage ist auch der Bereich des Freilichtmuseums Teil des Sumpfgebiets – nicht, dass das Moor nach 1000 Jahren doch noch einmal ein Opfer fordert (Info: www.opfermoor.de).

Die Brücke verbindet beide Hänge und überwindet 32 Meter Höhenunterschied.

30

ENTGLEIST

Die Ziemestalbrücke

Sie brachte einst die Anbindung des Oberlands an die umliegenden Regionen – heute ist dieser Zug lange abgefahren. Zurück bleibt ein stahlgewordenes Denkmal an die Industrialisierung im 19. Jahrhundert.

Remptendorf, Landkreis Saale-Orla-Kreis **Ort** 07368 Remptendorf **GPS** 50.576062, 11.613062 **Anfahrt** Nur mit dem Auto erreichbar über die A9 bis Ausfahrt Dittersdorf, weiter Richtung Schleiz-Nord/Neustadt/Orla, dann der L1077 bis zum Ziel in Remptendorf folgen. Der Parkplatz Ottergrund bietet einen idealen Ausgangspunkt für die Wanderung.

DIE WEICHEN GESTELLT Schon bei der Anfahrt wird der Reiz dieser Landschaft deutlich: Glitzernde Seen, farbenfrohe Herbstwälder und beeindruckende Berge prägen das Bild. Die Region um das frühere Thüringer Oberland, heute der südliche Teil des Saale-Orla-Kreises und des Landkreises Greiz, zeichnet sich durch ihre wunderschöne Vegetation aus, aber eben auch durch steile Talhänge. Dass in dieser unwegsamen Gegend eine Eisenbahnstrecke entstehen sollte, war eher aus der Not geboren. Denn die Route wies zwar landschaftliche Tücken auf, politisch allerdings war dies der unkomplizierteste Weg. Denn als 1887 per Staatsvertrag der Grundstein für eine Eisenbahnstrecke von Triptis über Ziegenrück nach Blankenstein gelegt wurde, ahnten die Bauherren nicht, welchen Gegenwind sie dafür ernten würden. Die Bevölkerung hatte nämlich nur wenig Interesse, ihre Flurstücke dafür herzugeben. Der Kompromiss: das Areal zwischen Ziegenrück, Altenbeuthen und Remptendorf. Es entstand also eine Strecke geprägt von Tunneln, Brücken und Viadukten – alles, um die tiefen Täler zu überwinden.

BAHNBRECHEND Am Ottergrund angekommen, startet die Wanderung zur Ziemestalbrücke. Der Weg führt durch den Wald, dessen Pfade mit goldenem Herbstlaub bedeckt sind. Nach einiger Zeit erscheint geradeaus der kleine Otterbach mit seinem Steg. Es kann also nicht mehr weit sein, bis zur »Streichholzbrücke«. Diesen Spitznamen verdankt der Koloss seiner ursprünglichen Konstruktion mit Rundeisen, mit denen er in den 1890er-Jahren erbaut wurde. Im Rahmen einer ersten Verstärkung (1927–1930) wurden diese allerdings bereits durch Winkeleisen ersetzt. Vom Wasserlauf schweift der Blick unweigerlich durchs Tal und schließlich in die Höhe. Zwischen den

Die Neigung der Brücke ermöglichte höhere Geschwindigkeiten während der Fahrt.

Wipfeln der Wälder glitzert die Herbstsonne und umspielt mit ihrem goldenen Licht 115 lange Brückenmeter, fünf schwere Gerüstpfeiler und einen in Deutschland einmaligen geneigten Brückenkopf. Aus diesem Winkel wirkt das Gerüst fast zerbrechlich. Bereits der ursprüngliche Bau der Ziemestalbrücke bestand jedoch aus 280 Tonnen Stahl, dem modernsten Baumaterial seiner Zeit. Aufgrund der hohen Verkehrslast kamen bis Mitte des 20. Jahrhunderts im Rahmen zweier Überarbeitungen mindestens weitere 160 Tonnen hinzu.

AUF DIE SCHIEFE BAHN GERATEN Der Weg führt entweder über Dutzende Stufen den Hang hinauf oder durch den Wald auf die stillgelegten Gleise. Auf der Trasse angekommen, schickt die Sonne einige Strahlen durch das Grün der Nadelbäume, die hier entlang der Strecke stehen. Trotzdem wirkt die Luft plötzlich feuchter und kühler als noch auf dem Waldweg. Das Gleisbett ist mit Moos bewachsen, die Schienen sind rostig – alles in allem eine fast gespenstische Stimmung, die auch durch andere Ausflügler nicht genommen wird. An der Brücke angekommen, wird ihre Krümmung besonders deutlich – sie verläuft im Bogen mit einem Radius von 193 Metern. Zusammen mit dem leichten Gefälle und einem geneigten Brückenkopf waren den Lokführern so höhere Geschwindigkeiten möglich. In einer Höhe von 32 Metern sollten Reisende aber definitiv schwindelfrei sein. Denn sowohl das löchrige Metallgitter als auch das filigrane Geländer

Unter der Gleisebene wird die besondere Stahlkonstruktion erkennbar.

wirken wenig vertrauenserweckend. Sie scheinen bei jeder Bewegung nachzugeben. Wer sich dennoch hinübertraut, wird mit einem unbeschreiblichen Blick über die Weiten des Ziemesgrunds belohnt. Die Wälder scheinen endlos lang und erstrahlen in leuchtenden Herbsttönen. Im Tal plätschert der kleine Otterbach unter der Brücke hindurch. Hier lässt es sich einen Moment innehalten, während der Blick schweifen kann. Ein tiefer Atemzug der kühlen Luft verleiht bei diesem Anblick das Gefühl innerer Ruhe und purer Freiheit – da wird selbst die schwindelerregende Höhe nebensächlich.

AUF DEM ABSTELLGLEIS Am Ende der Brücke führen Stufen hinab ins Tal oder auf einen Wartungsweg unter der Gleisebene. Von hier aus wird endlich ein genauerer Blick auf die beeindruckende Stahlkonstruktion möglich. Tausende Streben und Niete verbinden die einzelnen Stücke und tragen die mächtige Brücke, die stark an den Eiffelturm erinnert. Dieser prägte zum Baustart hier im Ziemestal bereits seit einigen Jahren das Pariser Stadtbild. Spätestens aus dieser Perspektive wird deutlich: Zerbrechlich ist hier nichts. Im Gegenteil. Ihre Lage fernab von Ballungszentren mitten im Wald und zwischen Hängen macht die Strecke zudem kaum einsehbar – damit qualifizierte sie sich schon in den Jahren vor dem Zweiten Weltkrieg als unauffälliger Transportweg von Nord nach Süd. Zu DDR-Zeiten zeichnete sich jedoch ein anderes Bild. Plötzlich lag ein Teil der Strecke im Grenzgebiet und wurde zur Sperrzone. Durchfahrt nur noch mit Passierschein möglich. Der Personenverkehr der Thüringer Oberlandbahn kam so quasi zum Erliegen und die Strecke wurde fast ausschließlich für Gütertransporte genutzt. Seit 2005 hat nun auch das letzte Stück Triptis–Marxgrün ausgedient – und damit auch die Ziemestalbrücke.

Die Tunnel sind ein Highlight für große und kleine Eisenbahn-Fans.

Das besondere Erlebnis

Entlang der Trasse finden sich insgesamt acht Tunnel. Mit 981 Metern Gesamtlänge ist die Nebenbahn Triptis–Marxgrün eine der tunnelreichsten Bahnstrecken Deutschlands. Dieser Umstand verschaffte dem Streckenabschnitt zwischen Ziegenrück und Lückenmühle den Beinamen »versteckte Gebirgsbahn«. Zwei dieser Tunnel befinden sich nur einen kurzen Spaziergang entlang der Gleise von der Ziemestalbrücke entfernt. Wer die Gegend und Bahnstrecke noch intensiver erkunden möchte, dem stehen verschiedene Rundwanderwege zur Auswahl (Info: www.thueringer-oberlandbahn.de).

31

DIE HÖLLE IM SCHIEFERBERG

Oertelsbruch Lehesten und KZ Laura

Ein kleiner See in schönstem Aquamarin – auf den ersten Blick ein idyllisches Bild. Er liegt im »Fröhlichen Tal«, nahe Schmiedebach. Doch so fröhlich ist es hier gar nicht. Umgeben wird das Gewässer von steilen Hängen. Im Wald dahinter schlummert ein verlassenes Geisterdorf.

Lehesten, Saalfeld-Rudolstadt **Ort** Oertelsbruch, 07349 Lehesten **GPS** 50.486783, 11.469338 **Ort** KZ Laura, Fröhliches Tal, 07349 Lehesten **GPS** 50.486783, 11.469338 **Anfahrt** Mit dem Auto über die A73 bis Ausfahrt Ebersdorf b. Coburg, weiter auf B303 Richtung Ebersdorf b. Coburg/Weidhausen/Sonnefeld einfädeln, Schafberg bis B89 in Stockheim nehmen, B85 bis Rennsteigstraße in Ludwigsstadt folgen, Rennsteigstraße bis zum Ziel in Lehesten folgen

Ehemalige Werkstätten und Bahnstation des früheren Schieferbaus.

Die Natur bahnt sich ungestört ihren Weg – auch durch Schieferplatten.

GEISTERDORF Den Weg zur verlassenen Siedlung säumen in Schwarz getauchte Straßenzüge. Selbst Kirchtürme strahlen Dunkelheit aus. Im Thüringer Schiefergebirge keine Seltenheit, schließlich ist der hier abgebaute Schiefer auch für die eigene Architektur gelebte Tradition. Im 19. Jahrhundert boomte der Abbau des »Blauen Goldes«, wie der Schiefer aufgrund seines bläulichen Schimmers auch genannt wird. Bis heute gibt es in der Region deshalb kaum ein Haus, dessen Dach oder Fassade nicht aussieht wie in Schuppen gehüllt. Über geschlängelte Straßen geht es weiter den Berg hinauf. Ab einer Motocross-Strecke beginnt der Fußmarsch. Nach einiger Zeit offenbaren sich verlassene Gebäude abseits des Weges. Erst eins, dann zwei, dann immer mehr. Nur Bewohner hat die Siedlung schon lange keine gesehen. Die Dächer haben Löcher, Fenster fehlen. Einige der Bauten sind teilweise eingestürzt. Das Chaos aus Schutt und Müll, das die Häuser umgibt, vermittelt den Eindruck, die Bewohner wären überstürzt von hier geflüchtet. Wahrscheinlicher ist allerdings, dass die Verwüstung durch Vandalismus und Brandstiftungen zustande kam.

GLÜCKAUF Entstanden war das Dorf unter Karl Oertel, der nach dem Tod seines Vaters Ernst Oertel die Geschäfte des Schieferbergwerks erfolgreich weiterführte. Ernst Oertel hatte 1849 den Hauptmannsbruch in der Nähe von Lehesten übernommen, Karl brachte ihn zu wahrer Größe: Er gründete weitere Brüche, expandierte und entwickelte das Unternehmen zu einem der größten im Schiefergewerbe in ganz Europa. Etwa 900 Arbeiter und Angestellte waren seinerzeit dort beschäftigt. In unmittelbarer Nähe zu den Stollen ließ er deshalb eine eigene Siedlung errichten: Wirtschaftsgebäude, Speisesaal, Lehrlingswohnheim und die Oertelsvilla. Ein eigener Bahnanschluss machte den Komplex komplett. Bis zum Ausbruch des Ersten Weltkriegs setzte sich der Erfolg fort. Die Nachfrage nach dem »Blauen Gold« aus Thüringen war ungebrochen. Krieg, Wirtschaftskrisen und politische Entwicklungen brachten das Unternehmen jedoch in eine Schieflage, die nur hohe Kredite kippen konnten.

U-VERLAGERUNG Bis zum Zweiten Weltkrieg lief die Arbeit in Lehesten weiter. Im September 1943 dann die Wendung: Die SS beschlagnahmt den Oertelsbruch und die gesamte Siedlung auf unbestimmte Zeit für »kriegswichtige Sonderzwecke«. Plötzlich war nicht nur der abgebaute Stein schwarz, sondern auch die Uniformen derer, die hier durch die Wälder streiften. Mit ihrer eigens gegründeten Scheinfirma führten sie den Betrieb offiziell fort. In Wahrheit starteten sie jedoch Operation »Rotbutt« im Schutz der Stollen. Dabei handelt es sich um nur eine von vielen »U-Verlagerungen« kriegswichtiger Produktionsstätten in der Region. Im sogenannten »Vorwerk Mitte Lehesten« wurden Stollen teilweise bis auf 4 Meter Höhe ausgebaut, um die Kriegsproduktion unter Tage verlegen und vor Angriffen der Alliierten schützen zu können. Ziel dieser Anlage: die Erprobung von Triebwerken für V2-Raketen sowie die Produktion von Flüssigsauerstoff und Stickstoff. Auslöser waren die schweren Luftangriffe auf die Entwicklungs- und Produktionsstätte in Peenemünde und die Suche nach einem sicheren Ausweichstandort.

Wo früher Stolleneingänge in den Hang führten, hat sich ein See gebildet.

UNTER QUALEN Gebaut wurden die Anlagen der Kriegsmaschinerie jedoch nicht von den Kriegstreibern selbst, sondern von KZ-Häftlingen. Eigens für den Bau der Betriebsanlagen und die Betreibung der Werksteile wurde ein Außenlager des KZ Buchenwald beschlossen und eingerichtet. Unter schwersten Bedingungen schufen die Zwangsarbeiter Prüfstände und ein unterirdisches Sauerstoffwerk. Während sie zu Beginn in einer ehemaligen Spalthütte untergebracht waren, mussten sie in den nächsten Monaten auch noch das angrenzende Landwirtschaftsgut umbauen, um ihr eigenes Konzentrationslager zu erschaffen. Als Hauptunterkunft diente eine schon vorhandene Scheune, in der auf engstem Raum bis zu 800 Menschen gleichzeitig eingepfercht waren. Misshandlungen, körperliche Schwerstarbeit in den Gruben und stundenlanges Appellstehen forderten zahlreiche Opfer – von den rund 2600 Inhaftierten überlebten mindestens 550 die Zeit hier nicht. Besonders kalte Winter bei unzureichender Kleidung und Ernährung taten ihr Übriges. Der Weg zum Diensteinsatz führte stets vom höher gelegenen Lager hinab in die Gruben. Auch bei Schnee und Eis – teils sogar ohne Schuhe. Auch ein Blick auf die Triebwerke verrät: Man möchte nicht in der Nähe sein, wenn diese gezündet werden. Ohrenbetäubender Lärm und höllische Hitze gehörten jedoch zum Alltag der Zwangsarbeiter. Nachweislich wurden bis Ende 1944 im Oertelsbruch 4372 Triebwerktests durchgeführt. Im April 1945 räumte die SS das Lager fast voll-

Während ringsherum alles einstürzte, blieb diese Fassade standhaft.

ständig – nur Stunden bevor die amerikanischen Truppen die wenigen Zurückgebliebenen befreien konnten, wurden alle anderen nach Dachau abtransportiert.

EINGEBROCHEN Während das KZ seit 1979 als Gedenk- und Begegnungsstätte aktiv genutzt wird, liegen die alten Sollen brach. Einige sind inzwischen unter dem Wasserspiegel des Sees gelegen, andere wurden von sowjetischen Truppen gesprengt. Wieder andere Eingänge sind stark einsturzgefährdet und abgesperrt. Gleiches gilt für die Häuser der Siedlung im »Fröhlichen Tal«. Ob Wände, Zwischendecken oder Dächer – die meisten der Gebäude hier fallen langsam in sich zusammen. Als würden sie implodieren. Der Schutt wird nur noch von Gittern an den Fenstern am Herausstürzen gehindert. Sich an diesem Ort umzusehen, ist wie in eine andere Zeit abzutauchen. Wie das Leben der Bewohner ausgesehen haben mag? Ob sie es hier genauso unheimlich fanden? Ständig knarzt irgendwo eine Tür, quietscht ein Fenster oder raschelt das Gebüsch. In der Ferne heulen die Motoren der Cross-Maschinen auf, sind aber aus der Distanz nicht direkt als solche zu erkennen. Genauso gut könnte jemand mit einer Kettensäge am Ende des Weges auf umherstreunende Besucher warten.

↓ 1999 wurde die Arbeit im Oertelsbruch endgültig niedergelegt.

↘ Achtung: Das frühere Lehrlingswohnheim ist stark einsturzgefährdet.

Größere Sorgen macht mir jedoch, dass es im Laub wie wild raschelt. Wartet da etwa eine Wildschweinfamilie auf ihren Startschuss zum Angriff? Wieder ein Quietschen. Ich habe das Gefühl, nicht allein zu sein an diesem Ort. Dann zeigt sich der Übeltäter: An einer der Lagerhallen steht ein Fenster offen und wird vom Wind hin und her geschoben. 1999 wurde die Arbeit im Oertelsbruch endgültig niedergelegt. In den Jahren danach verschwanden auch die letzten Bewohner und die Siedlung liegt seither brach. Dass sich die Natur alles zurückerobert, zeigt sich deutlich. Die Gebäude sind zerstört, das ganze Gelände ist verwildert – abgesehen vom dunkel betonierten Weg, der sich unbeirrt durch die Siedlung schlängelt.

Das besondere Erlebnis

Der Schieferbergbau hat lange Tradition und prägt die Region maßgeblich. Neben dem Oertelsbruch entstanden im 19. Jahrhundert viele weitere Schieferbrüche im Umland – nicht alle von ihnen teilten sein düsteres Schicksal. Im Technischen Denkmal Historischer Schieferbergbau Lehesten gehen Sie auf Entdeckungsreise in die Geschichte des Thüringer Traditionsgewerbes.

In der Scheune des KZ Laura waren die Zwangsarbeitenden untergebracht.

Der Fürstenhof ist eng mit der Geschichte der Stadt Eisenach verbunden.

32

FÜRSTLICH VERFALLEN

Das Hotel Fürstenhof Eisenach

Was haben ein Sommerhaus, eine Villa und ein Kurhotel gemeinsam? Sie haben hoffentlich einen guten Ausblick – und in diesem Fall sogar denselben. Denn sie alle sind Teil der Geschichte dieses schaurig schönen Komplexes im Südviertel Eisenachs.

Eisenach, Landkreis Wartburgkreis **Ort** Luisenstraße 11, 99817 Eisenach **GPS** 50.969242, 10.325807 **Anfahrt** Mit der Bahn nach Eisenach (ICE/IC/RB/RE-Strecke) und weiter zu Fuß der Beschilderung Richtung Wartburg und Bachhaus folgend zur Luisenstraße oder mit dem Auto über die A4 bis zur Ausfahrt Eisenach-West, in B19 Richtung Bad Salzungen einfädeln und bis zur Luisenstraße folgen

(DOCH K)EIN KURORT Verwinkelte Flure, unterschiedliche Ebenen, ungleiche Baustile: Das sind die Indizien für die lange Bau- und Entstehungshistorie des Hotels im Villengebiet Karthäuser Höhe. Bereits 1854 entstand hier ein Sommerhaus mit einzigartigem Ausblick auf die Wartburg. Nur sieben Jahre später kaufte es der Geologe und Bergbauunternehmer Johann Georg Bornemann und fügte schrittweise neue Gebäudeteile hinzu. Nach seinem Tod wurde die »Villa Bornemann« veräußert. Weitere An- und Umbaumaßnahmen später entstand 1902 schließlich das Kurhaus Hotel Fürstenhof. Es sollte der erste Schritt auf Eisenachs Weg zur mondänen Kurstadt à la Baden-Baden darstellen. Bis weit in die 1920er-Jahre hinein wurden immer wieder Gebäudeteile ergänzt und verändert. Schon bald wurden die Pläne für einen Kurort von der Stadt Eisenach verworfen. So entstand auf den Grundmauern der Kurhausterrasse ein Casino – ganz in der Manier der »Goldenen 20er«.

FESSELNDE FASSADE Vom Glanz dieser Tage ist schon seit Langem nichts mehr übrig. Die vielen markanten Zwiebeltürme von früher sind zu großen Teilen verschwunden, die eklektische Architektur ist heute durchzogen von eingestürzten Dachstreben und Mauern. Die Fassade ist brüchig und große Teile der Fenster sind zerschlagen. Einige von ihnen sind mit Brettern vernagelt, andere geben wegen eingestürzter Dachpartien den Blick auf den Himmel oder dahinterliegende Wände frei. Neben einem der Türme am Ende des Gebäudekomplexes fehlt das Dach komplett. Stattdessen gedeihen auf dem alten Parkett des Raumes nun Bäume, die es zu freuen scheint, dass ihnen nach oben keine Grenzen mehr gesetzt sind. Auf der Rückseite führt eine ramponierte Metall-

Das Dach ist undicht, auf dem Parkett bildet sich deshalb eine Seenlandschaft.

Schmiedeeiserne Elemente schmücken das
Geländer des spiralförmigen Turmaufgangs

↑ Das letzte Licht erloschen: kaputter Leuchter staubt auf dem Boden ein
↗ Dieser Festsaal war einst der größte Versammlungsraum in ganz Thüringen.

brücke vom Haus auf eine verwilderte Anhöhe. Der Pfad aus Stahl sieht mindestens genauso mitgenommen aus wie die niedrigen Rohre, die am Rand des Hanges als Brüstung dienen sollten – rostig und verbogen. Der graue Himmel und steter Nieselregen bieten die perfekte Leinwand für den Besuch dieser Ruine, gemeinsam schaffen sie eine wunderbar unheimliche Atmosphäre.

HEREINSPAZIERT Der Ausgangspunkt für die Tour ist der große Festsaal im hinteren Gebäudeteil. Obwohl es sich dabei um den größten Raum des alten Hotels handelt, ist es auch der, den man am leichtesten übersieht. Denn der Weg dorthin führt durch die Küche, um unzählige Ecken, entlang verschachtelter Gänge und die Treppe hinauf. Es riecht modrig, in den Fluren ist es stockdunkel. Jeder Schritt will vorsichtig gemacht werden, Stolperfallen finden sich auf jedem Quadratzentimeter. Auf dem Weg zum Saal finden sich schon viele rätselhafte Stellen, die nach Aufmerksamkeit verlangen und sie in den kommenden Stunden auch verdienen. Doch zunächst steht das Highlight dieses Bauwerks im Vordergrund: der große Saal.

VORHANG AUF Nach dem verheerenden Brand und anschließendem Wiederaufbau im Jahr 1930 fasste der Ballsaal statt 1800 sogar 2000 Personen. Damit war er zeitweise der größte seiner Art in ganz Thüringen. Vor dem Brand war die Ausstattung vom Allerfeinsten: verzierte Emporen, filigrane Kronleuchter und bunt geschmückte Fenster. Nach dem Wiederaufbau wurde auf den einstigen Prunk verzichtet. Der Raum heute, mit roter Decke, der Gestaltung der Bühne und den vorhandenen Kronleuchtern, ist im Stil des sozialistischen Realismus gehalten. Dennoch transportiert die Ausstattung

Ein vergessener Fernseher erinnert an eine Szene aus einem Horrorfilm.

einen gewissen Luxus. Der Boden ist mit schönstem Fischgrätparkett ausgelegt; von der mit Stuckelementen verzierten Decke hängen drei ausladende Kronleuchter. Auf der oberen Ebene lässt eine weitläufige Galerie den perfekten Blick auf die markante Schrägbühne und die grünen Vorhänge zu. Der ganze Saal ist dank zweier großzügiger Fensterreihen unter der Decke lichtdurchflutet. Auch wenn das Bild inzwischen nicht mehr ganz so rosig aussieht, fällt es leicht, sich die frühere Eleganz dieses Saales auszumalen. Heute strahlt er stattdessen eher etwas Gespenstisches aus. Das Parkett liegt unter einer dicken Schicht aus Staub und Schutt, schließlich bröckelt massenhaft der Putz von den Wänden und die Farbe von der Decke. Die eindringende Feuchtigkeit hat das Parkett aufgeweicht und lässt es Wellen schlagen. Stellenweise sind einzelne Elemente bereits herausgebrochen und legen darunterliegende Dielen frei. Doch besonders die Galerie auf der oberen Ebene gleicht einem Trauerspiel. Konstant tropft Wasser durch die Decke und nährt eine kleine Pfützenlandschaft, die sich auf dem Parkett gebildet hat.

DER VORHANG FÄLLT Heute fehlen große Stücke des schweren Stoffes. Es muss schon lange her sein, dass er das letzte Mal im Scheinwerferlicht erstrahlte. Dabei befanden sich dahinter einst die Bretter, die die Welt bedeuteten. Denn der Fürstenhofer Festsaal diente nicht nur feierlichen Veranstaltungen wie Bällen, Faschingsfestivitäten oder Theaterstücken. In den politischen Schicksalsjahren Ende der 1920er- und Anfang der 1930er-Jahre wurden in den Räumlichkeiten oft genug Massenkundgebungen abgehalten – so zum Beispiel am 13. Januar 1927, als Adolf Hitler den vollbesetzten Saal mit einer Rede

Bestes Zimmer im Haus: Mehr Tageslicht und Frischluftzufuhr gehen kaum.

auf die Zukunft einschwor. Auch am Tag der Machtergreifung habe man diesen Ort für die Kundgebung genutzt. Dabei war der Fürstenhof auch für andere Parteien eine regelmäßige Anlaufstelle. Im aufgeladenen politischen Klima dieser Zeit kam es 1930 deshalb zum Äußersten: Während einer SPD-Kundgebung entbrannte ein blutiger Konflikt zwischen den Sozialdemokraten und anwesenden Nationalsozialisten. Die Letzteren waren jedoch in der Unterzahl und mussten sich an diesem Tag mit schweren Verletzungen geschlagen geben. Was aus ihnen wurde, ist nicht bekannt. Vielleicht spuken ihre Seelen bis heute durch die dunklen Flure des Fürstenhofs. Jedenfalls fährt einem bei jedem Knacken im Mauerwerk und Tropfen auf den Boden ein kalter Schauer über den Rücken.

ZU DEN ZIMMERN Auch sie haben eine ganz eigene Atmosphäre, völlig anders als der Festsaal. Zwar blieb der Fürstenhof vom Krieg weitestgehend verschont, er diente aber gleichermaßen als Lazarett wie auch als Fronterholungsheim. Nach Kriegsende wurde die einstige Luxusherberge zum Obdachlosen- und Flüchtlingsheim umfunktioniert. Für die erneute Nutzung als Hotel wurde es deshalb umfangreich renoviert und in den 1950er-Jahren in »Hotel Stadt Eisenach« umgetauft. Den Charme dieser Tage versprühen die ehemaligen Gästezimmer noch heute – auch wenn die Tapeten einen glänzenden Überzug aus Wassertropfen auf sich tragen und zerstörte Zwischendecken Kletterpflanzen in die Räume eindringen lassen. Besonders die Erkerzimmer müssen früher ein Highlight gewesen sein. Sie bieten einen unverbaubaren Blick auf das Eisenacher Wahrzeichen: die gegenüberliegende Wartburg.

CHECK-OUT 1991 erhielt der Fürstenhof seinen Namen zurück, 1996 war dann endgültig Schluss. Seitdem hat hier kein Gast mehr eingecheckt, und das Gebäude verfällt.

Das für Lost & Dark Places leider so häufige Bild: Vandalismus und Brandstiftung treiben den Verfall voran und machen eine Sanierung heute unmöglich. Vor einigen Jahren sah das anders aus: Der Eigentümer war bereit, die ehemalige Bornemannsche Villa und das Eckhaus mit dem markanten »Fürstenhof«-Schriftzug mithilfe der Stadt zu sanieren. Von den dafür beantragten Fördermitteln in Höhe von 850 000 Euro konnte die Stadt Eisenach jedoch gerade einmal 190 000 Euro vom Land Thüringen bereitstellen – eine Summe, die die nötigen Sicherungsmaßnahmen nicht ansatzweise gedeckt hätte. Seit 2015 liegt dem Eigentümer bereits eine Abrissgenehmigung für alle Gebäudeteile mit Ausnahme der oben genannten vor. In der Zwischenzeit ist von der ehemaligen Bornemannschen Villa – dem ältesten Teil des Ensembles – und dem Eckhaus nicht mehr viel übrig. Sie stürzten weiter ein. Der Komplettabriss ist endgültig sicher. Derzeitige Entwürfe für eine neue Bebauung sehen vier Stadtvillen vor sowie »zwei den historischen Anblick aufgreifende Villen ähnliche Gebäude« (*Thüringer Allgemeine*, 2. März 2024).

Das besondere Erlebnis

Der Fürstenhof ist einer der bekanntesten Lost & Dark Places in Thüringen. Das geschichtsträchtige Gebäude lockt deshalb immer wieder Interessenten an. Bis 2022 fanden noch regelmäßig geführte Touren für Lost Places Fans statt. Aufgrund des Verfalls können diese leider nicht mehr angeboten werden. Eine 3D-Tour des Areals wird über 3DVisitors angeboten (www.3dvisitors.com).

↓ Nasse Wände und Teppiche bieten idealen Nährboden für Grünpflanzen.

↘ Im Rahmen einer Tour lässt sich das ganze Gelände ungestört erkunden.

33

VERSCHANZT

Stasi-Bunker Frauenwald

Tarnung und Täuschung lautete die Devise – schließlich durfte niemand erfahren, was im »Ferienheim der Wasserwirtschaft« wirklich vor sich ging. Selbst im Kriegsfall sollte das Ministerium für Staatssicherheit seinem Dienst nachgehen können – zur Not auch unter der Erde.

Frauenwald, OT Ilmenau, Ilm-Kreis **Ort** Am Rothenberg 1, 98694 Ilmenau **GPS** 50.606264, 10.846381 **Anfahrt** Mit der Bahn nach Ilmenau (RE/RB), weiter mit dem Bus bis Rennsteighöhe oder mit dem Auto z. B. über die A71, Ausfahrt Ilmenau-West nehmen, dann Erfurter Straße, Waldstraße und L1141 bis zum Ziel in Frauenwald folgen

Auch im Fall atomarer Verstrahlung war die Stromversorgung gesichert.

Selten merkte die Bevölkerung etwas von der Abhörarbeit des MfS.

STAATSGEHEIMNIS Ich stehe in einem der am besten gehüteten Geheimnisse der DDR. Kaum jemand wusste vor 1990, dass es diesen Ort überhaupt gab. Zwar verfügte jeder der 15 Bezirke im Land über einen Bunker, der die unbedingte Handlungsfähigkeit des MfS sowie der Bezirksleitungen sicherstellen sollte. Existieren tun die meisten davon heute aber nicht mehr. Nach Ende des Kalten Krieges wurden sie gesprengt oder demontiert. Die 3600 Quadratmeter große Anlage in Frauenwald ist deutschlandweit einmalig in ihrer Ausstattung und vor allem der bis heute andauernden Funktionsfähigkeit.

HINTER SCHLOSS UND RIEGEL Ein lauter Knall und die 380 Kilogramm schwere Stahltür fällt ins Schloss. Nun wird es ernst. Während draußen leise der Schnee rieselte und der Wald in strahlendes Weiß gehüllt war, ist es ziemlich dunkel hinter den dicken Stahlbetonwänden. Nur kleine Lampen erleuchten den Raum. Niedrige Decken und enge Flure lösen Beklemmungen aus. Auch das Atmen fällt erstmal schwerer – obwohl die frühere Ausweichführungsstelle der Bezirksleitung Suhl über ein unglaublich ausgeklügeltes Luftzufuhrsystem verfügt. Der Weg in die Nachrichten- und Befehlsbunkeranlage des MfS führt zunächst einmal durch mehrere Schleusenräume. Im Ernstfall sollten durch Duschen, Schutzanzüge und Co. eine Dekontamination, sprich die Befreiung von Kampfstoffen, von eintretenden Personen sichergestellt werden.

VORKEHRUNGEN Vorbereitet war man hier auf verschiedenste Szenarien. Fallende Bomben. Angriffe mit chemischen Waffen. Atomwaffen. Als 1973 der Bau des Führungsbunkers begann, traf man alle möglichen Vorsichtsmaßnahmen. Das System sollte völlig autark agieren können. Dafür konnte der komplette Bunker hermetisch abgeriegelt werden. Seine 32 000 Tonnen Stahlbeton sollten der 130 Mann starken Besatzung das Überleben sichern. Frischluft wurde von außen angesaugt und intensiv gefiltert, bevor sie eingespeist wurde. Dieselmotoren und Notstromaggregate sollten die Einsatzfähigkeit der Filteranlagen garantieren. Fielen sie aus, musste man in die Pedale treten … pro Stunde etwa 10 Minuten lang, um genügend Luft im Raum zu tauschen. Für den Ernstfall lagerten zusätzlich unzählige Metallboxen in Regalen entlang der

Der Stabsbesprechungsraum ist orientierungsgemäß ganz in Rot gehalten.

Flure. In ihnen? Luftfilter. Sie waren in der Lage, CO_2 aus der Luft zu isolieren. Unglaublich, wie viele Szenarien die Entwickler beachtet haben. Wie kommt es, dass zur Sicherheit gedachte Maßnahmen so viel Unbehagen auslösen können? Trotz konstanter Temperatur (auch dafür sorgt die Lüftung hier), fühlt es sich bei diesen Erzählungen plötzlich 10 Grad kälter an.

BUNKERALLTAG Es geht immer tiefer in den Bunker hinein. Lange enge Flure, die von weiteren schweren Schleusentüren unterbrochen werden. Rechts gehen Wohn- und Arbeitsräume ab. Auf Schalttafeln und Monitoren behielten der zuständige Schleusenkommandant und der Sicherheitsoffizier in der Schaltzentrale den Überblick über alles, was im Bunker vor sich ging. Neben Fernsprechzentrale und Stabsbesprechungsraum gab es natürlich noch weitere Räume. Das Krankenzimmer musste immer vollausgestattet sein – im Ernstfall sollten sogar Operationen durchgeführt werden können. Geschlafen wurde in drei Schichten, in kleinen Räumchen mit dreistöckigen Kasernenbetten. Welche Pritsche gerade frei war, verriet eine Infotafel neben der Tür. Definitiv nichts für leichte Schläfer.

DECKNAME TRACHTENFEST Bei einem Gelände der Wasserwirtschaft würde niemand Verdacht schöpfen, dachte man sich damals. Auf dem Berggipfel ein Ferienheim zu errichten, hatte auch nichts Ungewöhnliches. Beides rechtfertigte, warum unzählige Lkw Baumaterial anlieferten. Wer würde da schon mitzählen, ob sich alles davon in den Ferienhäuschen wiederfand? Die Taktik der Stasi ging auf: Die Zivilbevölkerung schöpfte keinen Verdacht, dass hier etwas im Busch sein könnte. Und wer doch etwas ahnte, wusste auch, dass es besser war, keine Fragen zu stellen. So konnten die Agenten ungestört ihres Amtes walten und ab 1975 ihre Befehle und Meldungen im Lageraum des Bunkers empfangen. Doch das Versteckspiel hatte gerade erst begonnen. Man betrieb einen ungemeinen Aufwand, um nichts vom Staatsgeheimnis nach außen dringen zu lassen – sogar die Konserven, die hier geliefert wurden, erhielten falsche Etiketten als Tarnung. Oder was sollte ein Ferienheim mit Unmengen Lebensmittelkonserven anfangen? Stattdessen wurden die Dosen als Leim und Farbe deklariert. Trotz des Decknamens »Trachtenfest« lässt sich nur wenig Festliches an dieser Operation entdecken. Beim Verlassen des Bunkers nehme ich deshalb unweigerlich einen tiefen Atemzug. Die eisige Waldluft strömt durch meine Lungen. Die Beklemmung dieses Ortes kann aber auch sie nicht gänzlich abschütteln.

Das besondere Erlebnis

Sie haben sich schon immer gefragt, wie der Alltag in einem solchen Bunker ausgesehen hat? Mit einer Übernachtung im Bunker und 16-stündigem Programm können Sie es hautnah erleben. Tauchen Sie ein und begeben Sie sich auf eine atemberaubende Zeitreise ins Jahr 1989 (Info: www.bunkermuseum-frauenwald.de).

Die Fernsprechzentrale hielt den Kontakt zur Außenwelt aufrecht.

Seitenflügel der Tuberkuloseklinik
Sophienheilstätte (Kapitel 28)

Verfallenes Wirtschaftsgebäude am Jagdschloss Rathsfeld (Kapitel 21)

REGISTER

IMPRESSUM

Verantwortlich: Cornelius Traub, Dr. Johannes Abdullahi
Redaktion und Lektorat: Franka Virteburch
Korrektorat: Ralf J. Klumb | The Wordworms
Layout: BUCHFLINK Rüdiger Wagner, Nördlingen
Covergestaltung: Rudi Stix
Layout- und Reihengestaltung: Mathias Frisch
Kartografie: Bruckmann Verlag GmbH, Heidi Schmalfuß
Repro: LUDWIG:media
Herstellung: Alexander Knoll
Printed in Poland by CGS Printing

Sind Sie mit diesem Titel zufrieden? Dann würden wir uns über Ihre Weiterempfehlung freuen.
Erzählen Sie es im Freundeskreis, berichten Sie Ihrem Buchhändler, oder bewerten Sie bei Onlinekauf.
Und wenn Sie Kritik, Korrekturen, Aktualisierungen haben, freuen wir uns über Ihre Nachricht an Bruckmann Verlag, Postfach 40 02 09, D-80702 München oder per E-Mail an lektorat@verlagshaus.de.

Unser komplettes Programm finden Sie unter www.bruckmann.de

Alle Angaben dieses Werkes wurden von der Autorin sorgfältig recherchiert und auf den neuesten Stand gebracht sowie vom Verlag geprüft. Für die Richtigkeit der Angaben kann jedoch keine Haftung übernommen werden, weshalb die Nutzung auf eigene Gefahr erfolgt. Insbesondere bei GPS-Daten können Abweichungen nicht ausgeschlossen werden. Sollte dieses Werk Links auf Webseiten Dritter enthalten, so machen wir uns die Inhalte nicht zu eigen und übernehmen für die Inhalte keine Haftung.
In diesem Buch wird aus Gründen der besseren Lesbarkeit das generische Maskulinum verwendet. Weibliche und anderweitige Geschlechteridentitäten werden dabei ausdrücklich mitgemeint, soweit es für die Aussage erforderlich ist.

Empfehlung der Redaktion Sie sind auf der Suche nach weiterführender Literatur? Dann empfehlen wir Ihnen den Titel »Lost & Dark Places Harz« von Miriam Fuchs. Oder Sie werfen einen Blick in die Zeitschrift BERGSTEIGER. Hier werden Sie bestimmt fündig.

Bildnachweis Alle Bilder im Innenteil stammen von der Autorin, mit Ausnahme von: S. 81: GARBE Industrial Real Estate/engel&haehnel; S. 101 Florian Scharfe, WikiCommons; S. 105: Sindy Schneider

Umschlagvorderseite: Reste des Klosters Georgenthal (Kapitel 3)
Umschlagrückseite: Villa Brüderlein (Kapitel 25)

Die Deutsche Nationalbibliothek verzeichnet diese Publikation in der Deutschen Nationalbibliografie; detaillierte bibliografische Daten sind im Internet über http://dnb.d-nb.de abrufbar.

2., aktualisierte Auflage 2025

ISBN: 978-3-7343-2507-6